初級者からの
ニュース・リスニング
CNN
Student News ▶

2020［春］

朝日出版社

CONTENTS

News 01 IT/SCIENCE

Amazon Using Artificial Intelligence (AI)

アマゾンが人工知能（AI）を駆使

News 02 BUSINESS

Reusable Containers Close the "Loop"
on Plastic Waste

プラスチックごみ問題に容器再利用の試み

News 03 WORLD

Curtain Opens on Japan's Reiwa Era

日本の新天皇の「即位の礼」

News 04 IT/SCIENCE

A Driverless Future

未来は車を所有したり運転することのない社会 !?

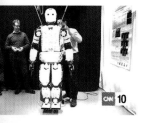

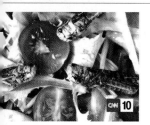

はじめに

　本書は、世界最大のニュース専門テレビ局である**CNNの人気番組「CNN10」**から、1本2分前後の**ニュース12本を選りすぐって収録**したものです。

　「CNN10」は、日本の英語教育関係者の間では、「CNN Student News」という以前の番組名で広く知られています。その旧名からも想像できるように、主にアメリカの高校生向けに制作されている10分間の番組で、世界のいろいろな出来事が、とても分かりやすく説明されています。興味深く、しかも簡潔にまとまっているそれらのニュースは、**日本の英語学習者にとっても最適のリスニング素材**と考えられているのです。

　付属のCDには、CNNの放送そのものである「natural」音声に加え、ナレーターが聞きやすく読み直した「slow」音声が収録されています。ですから、初級者でも安心してリスニング練習ができます。

　また、CDと同一内容のMP3音声や、紙版と同一内容の電子書籍（PDF版）を無料でダウンロードできるサービスも付いていますので、スマートフォンなどに入れておけば学習がとてもしやすくなるでしょう。取り上げた**ニュースの動画がご覧になれる**のも、本書の大きな特長です。

　今回からスタートした新連載「森勇作先生の　ニュースを理解するための英文法」も、ぜひ学習に役立ててください。

2020年1月
『CNN English Express』編集部

本書の構成と使い方

本書では各ニュースが 3 見開き (6 ページ) に掲載されており、以下のように構成されています。

最初の見開き

番組のアンカー (司会者)
Carl Azuz (カール・アズーズ)。
ユーモアあふれる語り口が人気。

文の区切りを分か
りやすくするため、
／ (スラッシュ)
を入れてあります。

ニュースの背景
ニュースの背景や
基礎知識について
解説しています。

News 03

WORLD

Curtain Opens on Japan's Reiwa Era
日本の新天皇の「即位の礼」

2019 年 10 月 22 日に東京の皇居で、日本の天皇陛下の即位を装置するための「即位の礼」が国の儀式として執り行われた。儀式には皇族や、外国の元首や王族に加え、内閣総理大臣など正式の要や各界の代表など、およそ 2000 人が参列し、当日は皇居にある「即位礼正殿の儀」が執り行われた。ともに海外の大学の留学経験のある新天皇・最后には新しい時代の役割が期待されている。

新天皇が即位を宣言

natural 14 / slow 17

AZUZ: Officially, the Pacific nation of Japan has had a new emperor since May, shortly after Emperor Akihito abdicated, or gave up, his throne. / But it wasn't until this week that his son, Naruhito, made his enthronement and that of his wife official. /

This is the ceremony in which a new Japanese emperor proclaims his status to the world. / It's a centuries-old tradition filled with rituals and attended by more than 100 high-ranking officials from around the globe. / And it's all for a position that's mostly ceremonial.

AZUZ | アメリカ英語

アズーズ: 太平洋の国、日本には正式には 5 月以降、新しい天皇が君臨しています、明仁天皇が退位、つまり皇位を明け渡してからすぐに。/ しかし、彼の息子である徳仁氏が自分と妻の即位を公にしたのは、今週になってからでした。/

この式典は、日本の新しい天皇がその地位を世界に宣言するためのものです。/ それは何世紀も前からの伝統であり、たくさんの儀式から成り、世界中の政府の高官ら 100 人以上が参列します。/ そして、それはすべて、ほとんど儀礼的な地位のためのものです。

curtain: 幕、カーテン	abdicate:	proclaim: ~を宣言する
era: 時代	(王室など) 退位する	status: 地位、立場
officially: 表向きは、正式には	give up: ~を明け渡す	centuries-old:
Pacific: 太平洋 (沿岸) の	throne: 王位	数百年にわたる
emperor: 天皇	enthronement: 即位 (式)	tradition: 伝統、しきたり
since: ~以来	make...official: ~を公にする	(be) filled with:
shortly: すぐに、間もなく	ceremony: 儀式、式典	~でいっぱいである

ritual: 儀式
attend: (式典など) に参列する
high-ranking: 地位の高い
official: (政府機関などの) 当局者
globe: 地球、世界
position: 地位、身分
ceremonial: 儀式上の、儀礼上の

☞ 理解のポイント
①は強調構文で、it wasn't と that にはさまれた until this week を強調している。
②は関係代名詞で、in which以下は先行詞の ceremony を修飾する。
③では過去分詞に導かれる形容詞句が、filled ...and attended...と並列されており、ともに名詞 tradition を修飾している。

24 Curtain Opens on Japan's Reiwa Era

日本の新天皇の「即位の礼」 25

ニュースのトランスクリプト
CNN10 ニュースのトランスクリプト (音声を文字化したもの)。

語注

理解のポイント
分かりにくい部分の文法的な解説などの情報が記載されています。

音声のトラック番号

2種類の音声が用意されています。「natural」はCNNの放送そのままの音声、「slow」は学習用にプロのナレーターが読み直したものです。

アクセント

「natural」音声のCNNのアクセントを示しています。

WORLD 🌐

「令和」時代の幕が開けられた

🎧 natural 15 🎧 slow 18

Japan is officially a parliamentary constitutional monarchy. / Though its emperor is a symbol of the country and the unity of the Japanese people, its decision-making power is in the hands of elected politicians. / Of course, some of them were also at the ceremony. / Will Ripley explains the event.

CNN REPORTER: The curtain opens on Japan's Reiwa, the era of beautiful harmony. / From atop a pavilion in Pine Hall, the most prestigious place in Tokyo's Imperial Palace, Emperor Naruhito officially declares his enthronement.

CNN REPORTER / アメリカ英語

日本は表向きは議会制立憲君主国家です。／ 天皇は国および日本国民統合の象徴ではあるものの、国の意思決定の権限は選出された政治家の手にあります。／ もちろん、その政治家の一部もまた式典に参加しました。／ ウィル・リプリーがその行事について説明します。

CNN記者 日本の令和、美しく調和する時代の幕が開きます。／ 東京の皇居でもっとも由緒ある場所である「松の間」のあずまやの壇上から、徳仁天皇が自らの即位を正式に宣言します。

「即位礼正殿の儀」で天皇陛下が身につけていた装束は平安時代以来、天皇の束帯として伝わってきたもの。

お祝いの言葉など、万歳三唱する安倍首相。

parliamentary: 議会制の
constitutional monarchy: 立憲君主国
though: 〜だけれども、〜にもかかわらず
symbol: 象徴

unity: 統一、結束
decision-making power: 意思決定の権限
in the hands of: 〜の手中に
elected politician: 選出された政治家

event: 行事、催し
harmony: 調和、一致
atop: 〜の頂上に
pavilion: あずまや、大型テント、パビリオン

Pine Hall: 松の間
prestigious: 由緒ある、名誉ある
Imperial Palace: 皇居
declare: 〜を宣言する、公表する

☑️ **ニュースのポイント**
● 日本の新天皇が即位する伝統的な儀式が執り行われた。
● 現代的なカップルである新天皇・皇后両陛下の即位は世界各国の注目を集めた。

📖 **理解のポイント**
④a symbol を後置する of は下では、the country と the unity of the Japanese people が並列されている。
⑤the era of beautiful harmony は、直前の名詞 Japan's Reiwa と同格で、この語句を補足的に説明している。
⑥the most prestigious place は、直前の名詞 Pine Hall と同格で、この語句を補足的に説明している。

ニュース番組の映像とそれに付随する情報を掲載しています。

Let's try to answer!

最後の見開きには、ニュースに関連した質問が入っています（サンプル回答は88〜99ページに掲載）。

ニュースのポイント

中間の見開きには、内容をざっくりつかむために、ニュースのポイントが入っています。

オンラインサービスについて（購入者特典）

下記のURLから（検索せずに、アドレスバーにURLを直接入力してください）、またはQRコードを読み取って、オンラインサービスの登録を行ってください。

https://www.asahipress.com/cnn10/sp20drfu/

ニュース動画

本書で取り上げたトピックのニュースの動画を、無料で視聴（ストリーミング形式）することができます。学習にお役立てください。

ここが便利！

▶ 取り上げたニュースの完全動画を視聴できる。（書籍は各2分前後に編集）

▶ 字幕（英語・日本語・なし）を選べる。

電子書籍版（PDF）

スマートフォンやタブレット、パソコンなどで本書の電子書籍版（PDF）をダウンロードすることができます（音声データは含まれません）。

ここが便利！ ▶ スマートフォンやタブレットなどに入れておけば、外出時に本を持ち歩かなくても内容を文字で確認することができる。

※ QRコードは（株）デンソーウェーブの登録商標です。

音声（スマートフォンをお使いの場合）

音声再生アプリ「リスニング・トレーナー（リストレ）」を使って、付属 CD と同一内容の音声を
スマートフォンやタブレットにダウンロードすることができます。

1

App Store または Google Play
ストアでアプリをダウンロードする。

2

アプリを開き、「コンテンツを追加」
をタップする。

3

カメラへのアクセスを許可する。

4

スマートフォンのカメラでこのQR
コードを読み込む。

5

読み取れない場合は、画面上部の空
欄に 01163 を入力して Done を押す。

6

My Audio の中に表示された本書
を選ぶ。

7

目次画面の右上の「Play All」を
押すと、最初から再生される。

8

特定の音声を再生したい場合に
は、聞きたいものをタップする。

9

音声が再生される。

音声（パソコンをお使いの場合）

以下の URL から音声をダウンロードできます。

https://audiobook.jp/exchange/asahipress

音声ダウンロード用の
シリアルコード番号　　01163

※ audiobbok.jp への会員登録（無料）が必要です。
すでにアカウントをお持ちの方はログインして下さい。

効果的な学習法

「CNN10」は、主にアメリカの高校生向けのニュース番組です。とはいっても、ネイティブスピーカーを対象に制作されているため、話される英語のスピードは一般のニュース番組とあまり変わりません。英語の速さに慣れ、内容を理解するためには、以下の手順でトレーニングを行えば、より高い効果が期待できます。

Step 1

「ニュースの背景」に目を通して、英文（トランスクリプト）を見ずにナチュラル音声 ∩ (natural) で聞いてみる。

まずは細かい部分は気にせずに、全体的な内容をつかむ意識で、ひとつのニュースを通して聞いてみましょう。

Step 2

英文を見ながらもう一度音声 ∩ (natural) を聞き、聞き取れなかった箇所の音と文字を確認する。その上で、∩ (slow) の音声に合わせて自分でも音読してみる。

ネイティブの音声に合わせた音読は、発音の向上はもとより、読み飛ばしなどを防ぎ、正確なリーディング力の向上にも役立ちます。

Step 3

日本語訳を見て、自分の理解と照らし合わせる。

日本語訳・語注を参考にしながら、ニュースで話されている内容への理解を深めましょう。

Step 4

英文を見ずに ∩ (slow) のシャドーイングを行う。慣れたらナチュラル音声 ∩ (natural) にも挑戦する。

シャドーイングは、文字を見ずに、聞こえてきた音声をまねて自分でも言ってみるものです。リスニングとスピーキングの両方の力がつきます。

Step 5

「Let's try to answer!」を読み、自分なりの回答を考えてみる。

質問に対する答えをまず英作文して書き出し、次に声に出して言ってみましょう。ライティングとスピーキングの力がつきます。

CNN
Student
News

初級者からの
ニュース・リスニング

CARL AZUZ
@CARLAZUZCNN

Amazon Using Artificial Intelligence (AI)
アマゾンが人工知能（AI）を駆使

レジのないスーパーマーケット

CNN REPORTER: Nothing is simple about the technology behind this cashier-less store. / The Amazon Go market uses artificial intelligence to monitor what you've reached for on the shelf ①and to make sure you're charged for what you walked out with and nothing else. / The Amazon Go store is by no means the only place where Amazon uses AI.

PETER LARSEN (VP, AMAZON DELIVERY TECHNOLOGY)**:** We've got hundreds of teams ②working on artificial intelligence programs across Amazon. / Artificial intelligence like machine learning powers the simplicity ③that we always want to offer to our customers.

artificial intelligence: 人工知能　▶略称 AI。	**cashier-less:** レジのない	**make sure:** 確実に〜する
simple: 単純な、簡素な	**monitor:** 〜を監視する、モニターする	**charge:** （支払いを）請求する
technology: 科学技術、テクノロジー	**reach for:** 〜を取ろうと手を伸ばす	**walk out:** 外へ出る
behind: 〜の裏側に、背後に	**shelf:** 棚	**by no means:** 決して〜ではない
		work on: （開発など）に取り組む

アマゾンが1995年に創業し、小売ウェブサイトを開設した当初、本以外はほとんど売られていなかった。それから24年、アマゾンは世界最大級のインターネット通販サイトに成長し、現在ではありとあらゆる種類の商品をネット上で簡単に購入できるようになった。私たちの購買行動を確実に変えつつあるアマゾンは、AIの技術をどのようにビジネスに役立て、何を目指しているのか。

CNN 10 - November 1, 2019

CNN 10

CNN REPORTER | アメリカ英語

CNN記者 このレジのない店の裏側にある技術は、決して単純なものではありません。／ アマゾン・ゴー店では人工知能を使い、あなたが何を取ろうと棚に手を伸ばしたかを監視し、あなたが持って外に出たものだけに対して確実に支払いを請求されるようにします。／ アマゾン・ゴーの店舗は、アマゾンがAIを使っている唯一の場所では決してありません。

ピーター・ラーソン（アマゾン配送テクノロジー 副会長） アマゾンのいたるところで、何百ものチームが人工知能のプログラムに取り組んでいます。／ 機械学習などの人工知能は、私たちが常に顧客に提供したいと願っている簡単さを推進してくれます。

---

across: 〜のいたるところで
machine learning: 機械学習
power: 〜を推進する
simplicity: 簡単、平易
offer: 〜を提供する
customer: 顧客

👉 **理解のポイント**
①の and が並列するのは、「目的」を表す副詞句の to 不定詞。to monitor...and to make sure...という構造になっている。
②の working は現在分詞で、形容詞としてon 以下を伴って名詞teams を修飾している。
③は目的格の関係代名詞that に導かれる節で、節内の述語動詞 want to offer の目的語が関係代名詞に置き換えられている。

CNN REPORTER: Whether it's fulfilling orders or delivering packages, those teams are working constantly to improve the customer's experience. /

Inside Amazon's warehouses, AI is hard at work. / These are Amazon robotics drive units.

BELINDA WORLEY (SR. PRODUCT MANAGER, AMAZON ROBOTICS): Once a customer actually purchases an item either on their mobile app or on their computer or laptop, / the system identifies the pod ④ where the item is actually located in the field, / and the bot maps out the most efficient way, through using machine learning, to get that pod ⑤ which has that item ⑥ that that customer purchased to the associate.

アマゾン・ゴー入店時にアプリを入れたスマホをかざし、あとはいつものように買い物をして出られる。

fulfill: 〜を実行する、満たす	**warehouse:** 倉庫	**mobile app:** モバイルアプリ
order: 注文	**(be) hard at work:** せっせと働く	**laptop:** ノートパソコン
package: 荷物、小包み	**robotics:** ロボット工学	**identify:**
constantly: 常に、絶えず	**drive unit:** 駆動装置	〜を確認する、割り出す
improve: 〜を向上させる	**actually:** 実際に	**pod:** 容器、格納庫
experience:	**purchase:** 〜を購入する	**located:** 位置して
体験すること、経験	**item:** 品目、商品	

CNN記者 それが注文を処理するのであれ、荷物を配送するのであれ、これらのチームは顧客体験を向上させるために常に取り組んでいます。／

　アマゾンの倉庫の中では、AIがせっせと働いています。／ これらはロボット工学の駆動装置です。

ブレンダ・ワーリー（アマゾンロボット工学 上級製品管理者）　いったん顧客が自分のモバイルアプリやノートパソコンで実際に品物を購入すると、／ システムがその領域内で品物が実際に置かれている棚を割り出し、／ その顧客が購入した品物が入っている棚を同僚に届ける最も効率的な方法を、ボットが機械学習を通じて緻密に計画します。

ロボット工学を使った駆動装置が動き回る。

field: 領域、分野
bot: ボット　▶自動化されたタスクを実行するアプリケーションのこと。
map out: 〜を緻密に計画する
efficient: 効率的な
associate: 同僚

☑ **ニュースのポイント**

● 顧客の購買体験を向上させるため、アマゾンはAIを活用している。
● レジのない店舗、倉庫のオートメーション化、音声サービス（アレクサ）などがその代表例。

☞ **理解のポイント**

④は関係副詞whereに導かれる節で、後ろからthe podを修飾している。
⑤は主格の関係代名詞whichに導かれる節で、後ろからthat podを修飾している。
⑥は目的格の関係代名詞thatに導かれる節で、後ろからthat itemを修飾している。slow音声では英語としてより自然なthe customerと読んでいる。

DEVELOPER OF ALEXA: Alexa, order dog biscuits.

CNN REPORTER: And of course, the AI tool ⑦ you're most familiar with is always learning new tricks. /

DEVELOPER OF ALEXA: Achieving what Alexa is right now is super hard challenge. / ⑧ Going from that to the future, I would like Alexa to respond to the … the … your mood, your sentiment, your feeling, as expressed in your speech. /

The one key advantage we have is we now have so much more data. / So is it a big challenge? Yes. / Are we up to that challenge? Heck, yes.

AIの分野はまだ黎明期にあると話すアレクサの開発者。

アレクサは犬用ビスケットも探してくれる。

Alexa: アレクサ　▶アマゾンが開発したAIスピーカー。	**trick:** 技、芸当	**respond to:**
	achieve:	〜に反応する、対応する
dog biscuit: 犬用のビスケット	〜を獲得する、実現する	**mood:** 気分、心的状態
tool: ツール、道具	**challenge:** 難しい課題、難題	**sentiment:** 感情、心情
(be) familiar with:	**future:** 未来、将来	**feeling:** 感情、気持ち
〜をよく知っている		**express:** 〜を示す

Aired on November 1, 2019

アレクサの開発者　アレクサ、犬用のビスケットを注文して。

CNN記者　そしてもちろん、最もよく知られているAIの道具は常に新しい技を身につけています。

アレクサの開発者　現在のアレクサを実現するのは、かなりの難題でした。／そこから将来に向けて、私はアレクサに……あなたの発言で示された、あなたの気分、感情、気持ちに対応してほしいと考えています。／

　私たちの重要な強みのひとつは、今では持てる情報量が爆発的に増えていることです。／ それで、それは大きな挑戦になるのか。はい。／ 私たちはそれに挑戦できるのか。もちろんです。

荷物が自動的に流れていくアマゾンの物流センター。

speech: 発言、会話
key: 重要な、基本的な
advantage: 強み、優位
data: データ、情報
up to:（任務を）遂行することができる
heck: ちぇっ、畜生

🚩 **Let's try to answer!**

Would you prefer shopping at stores with cashiers or at cashier-less stores? Why?

👉 **理解のポイント**

⑦の直前には、目的格の関係代名詞which/thatが省略されている。

⑧は分詞構文で、I am going from that to the future, (and) I would...と言い換えられる。

アマゾンが人工知能（AI）を駆使 | 17

Reusable Containers Close the "Loop" on Plastic Waste

プラスチックごみ問題に容器再利用の試み

91%のプラスチックがごみに

CNN REPORTER: Tom Szaky is on a mission to eliminate the concept of waste.

TOM SZAKY (CEO, TERRACYCLE): The act of throwing something away in itself isn't bad. / It's actually incredibly convenient. / The problem is where it ends up.

CNN REPORTER: And it's a big problem. / ①About 91 percent of plastic waste ever created has never been recycled, / so Szaky decided to go to the source, to target the companies making the kind of single-use plastic containers ②that constantly end up in the trash.

---

reusable: 再利用可能な	**eliminate:** 〜を取り除く	**convenient:**
container: 容器	**concept:** 概念	便利な、使い勝手が良い
loop: 輪、ループ	**act:** 行為	**problem:** 問題
plastic waste:	**throw away:** 〜を捨てる	**end up:** 最後は〜に行き着く
プラスチックごみ	**in itself:** それ自体で	**ever:** 今までに、これまで
on a mission to:	**actually:** 実際は、実は	**create:** 〜を生み出す
〜するという使命を負って	**incredibly:** 非常に、すごく	**recycle:** 〜を再生利用する

再利用できる容器が日用品の買い物を変えるかもしれない。アイスクリームを買って食べたあとに容器を捨てる代わりに、おしゃれな容器に入ったデザートが昔の牛乳配達のように届き、使用後に返却・洗浄された容器を再利用するというシステムだ。商品をすぐに手に取ることができず、多くの配送が必要というマイナス面はあるものの、ごみ問題解決の糸口になると期待されている。

CNN REPORTER | アメリカ英語

CNN記者 トム・ザッキー氏は、ごみの概念をなくすという使命を負っています。

トム・ザッキー (テラサイクルCEO) 何かを捨てるという行為それ自体は悪いことではありません。／ 実際には、非常に使い勝手が良いものです。／ 問題はそれがどこに行き着くかということです。

CNN記者 そして、それは大きな問題です。／ これまでに生み出されたプラスチックごみのおよそ91パーセントが全くリサイクルされていません。／ そのため、ザッキー氏はその根源に向かうことに決めました。いつもごみになり果てる、使い捨てのプラスチック容器の類いを製造している企業に狙いを定めて。

source: もと、源
target: 〜を狙う、対象にする
kind of: 〜のような類いのもの
single-use: 使い捨ての
constantly: いつも、常に
trash: ごみ

☛ 理解のポイント
①の主語はAbout 91 percent of plastic wasteで述語動詞は has never been recycled。createdは過去分詞で、後ろからplastic wasteを修飾している。
②は主格の関係代名詞thatが導く節で、後ろからplastic containersを修飾している。

And he started with the four largest consumer goods companies in the world, combined their sales totaled almost $285 billion in 2018. /

He called the big idea Loop. / His pitch to consumers: Buy the same household products ③ you already love plus a small deposit, and we'll send them to you in durable, reusable packaging. / When you're done, return them to be cleaned, refilled, and reused by someone else. /

In the end, Nestlé along with Procter & Gamble, PepsiCo, Unilever, Clorox and others took the leap.

「途方もない新しいアイデアがあるので、リスクを負って一緒に世の中を変えていこう」と主要メーカーを説得した。

start with: 〜から始める	**call:** 〜に…という名前をつける	**plus:** 〜の上に、〜に加えて
consumer goods: 消費財	**big idea:** 大きな計画	**deposit:** 保証金、頭金
combine: 〜を結合する	**pitch:** 売り口上、宣伝 (文句)	**durable:**
sales: 売上高	**consumer** 消費者	耐久性のある、長持ちする
total: 総計が〜に達する	**household product:**	**packaging:** 梱包容器
billion: 10 億	家庭用品	**done:** 終わった、済んだ

　そして彼は手始めに、世界最大の消費財メーカー4社から着手しました。4社の売上高の合計は2018年には2850億ドル近くに達しました。/

　彼はその大きな計画をLoopと名づけました。/ 彼の消費者に対する宣伝文句は、あなたがすでに気に入っている家庭用品を購入して少額の保証金を加えれば、われわれはそれらを丈夫で再利用できる容器に入れてあなたに届けます。/ 使い終わったら容器を返却してください。洗浄して詰め替えて、ほかの誰かが再利用できるようにするために。/

　結局、ネスレと共にP&G、ペプシコ、ユニリーバ、クロロックスなどが一歩を踏み出しました。

多くの消費者が利用することが必要だ。

clean: 〜をきれいにする
refill: 〜を詰め替える
reuse: 〜を再利用する
in the end: 最後には、結局
along with: 〜と共に
take a leap: 一歩を踏み出す

☑ **ニュースのポイント**

● ごみ問題を解決するために、再利用容器のプロジェクトが開始された。
● その成功には、多くの消費者が便利だと感じ、参加することが不可欠だ。

☞ **理解のポイント**
③は目的格の関係代名詞which/thatが省略された節で、後ろからhousehold productsを修飾している。

SZAKY: Loop is an ecosystem. / ④If it was just one company making a few products, it wouldn't work. / You need everyone coming together. / And this sort of became a certain, you know, snowball effect, ⑤where as it got bigger, the more and more companies joined even faster and faster.

CNN REPORTER: Loop launched in early 2019 in a few cities with about 300 products. / Since then, Szaky says, more than 10,000 people have signed up. / It's expanding to more cities as well, and soon the products will be available in major retailers, like Walgreens and Kroger.

Loopは、消費者が本当に便利で快適だと感じられる仕組みを作ることを目指している 。

ecosystem: 生態系	**sort of:**	**city:** 都市、市
few: 少ない、わずかの	言ってみれば〜みたいな	**since then:** それ以来
product: 製品、商品	**certain:** 例の	**sign up:** 契約する
work: うまくいく	**you know:** ほら	**expand:** 広がる、拡大する
come together:	**snowball effect:**	**as well:** その上
協力する、団結する	雪だるま式の効果	**available:**
	launch: 乗り出す、開始する	利用できる、入手できる

ザッキー Loopは生態系です。/ わずかな製品を製造している1社だけだったなら、うまくいかないでしょう。/ 皆が団結してやる必要があるのです。/ そして言ってみれば、例のほら、雪だるま式の効果で、大きくなればなるほど、多くの企業が加速度的に参加しました。

CNN記者 Loopがいくつかの都市で開始されたのは2019年初めのことで、製品数はおよそ300でした。/ それ以来、ザッキー氏によると、1万人以上が契約したと言います。/ その上、もっと多くの都市に広がりつつあり、近い将来、ウォルグリーンやクローガーなどの主要な小売店で商品を利用できるようになります。

KIM PEDDLE-RCUEM
resident, Ice Cream Division | Nestle USA

ネスレは迷わずに参加を決めた一社だ。

major: 主要な、大きい
retailer: 小売店
Walgreens: ウォルグリーン　▶アメリカの薬局チェーン。
Kroger: クローガー　▶全米最大のスーパーマーケットチェーン 。

🚩 **Let's try to answer!**

Would you be interested in using the Loop service? Why?

👉 **理解のポイント**
④は仮定法過去で、「もし、この計画に参加しているのが1社だけだったら」という現在の事実とは異なる〈仮定〉の話をしている。
⑤は関係副詞whereに導かれる節で、snowball effectを修飾する。節内の主語は、接続詞asに導かれる節の後ろに登場するcompanies。

Curtain Opens on Japan's Reiwa Era

日本の新天皇の「即位の礼」

新天皇が即位を宣言

AZUZ: Officially, the Pacific nation of Japan has had a new emperor since May, shortly after Emperor Akihito abdicated, or gave up, his throne. / But ①it wasn't until this week that his son, Naruhito, made his enthronement and that of his wife official. /

This is the ceremony ②in which a new Japanese emperor proclaims his status to the world. / It's a centuries-old tradition ③filled with rituals and attended by more than 100 high-ranking officials from around the globe. / And it's all for a position that's mostly ceremonial.

---

curtain: 幕、カーテン	abdicate:	proclaim: 〜を宣言する
era: 時代	（天皇などが）退位する	status: 地位、立場
officially: 表向きは、正式には	give up: 〜を明け渡す	centuries-old:
Pacific: 太平洋（沿岸）の	throne: 王位	数百年にわたる
emperor: 天皇	enthronement: 即位（式）	tradition: 伝統、しきたり
since: 〜以来	make...official: …を公にする	(be) filled with:
shortly: すぐに、間もなく	ceremony: 儀式、式典	〜でいっぱいである

2019年10月22日に東京の皇居で、日本の天皇陛下の即位を披露するための「即位の礼」が国の儀式として執り行われた。儀式には皇族や、外国の元首や王族に加え、内閣総理大臣など三権の長や各界の代表など、およそ2000人が参列し、当日は戴冠式にあたる「即位礼正殿の儀」が宮中で行われた。ともに海外の大学への留学経験がある新天皇・皇后には新しい時代の役割が期待されている。

AZUZ | アメリカ英語

アズーズ　太平洋の国、日本には正式には5月以降、新しい天皇が君臨しています。明仁(あきひと)天皇が退位、つまり皇位を明け渡してからすぐに。／しかし、彼の息子である徳仁(なるひと)氏が自分と妻の即位を公にしたのは、今週になってからでした。／

　この式典は、日本の新しい天皇がその地位を世界に宣言するためのものです。／それは何世紀も前からの伝統であり、たくさんの儀式から成り、世界中の政府の高官ら100人以上が参列します。／そして、それはすべて、ほとんど儀礼的な地位のためのものです。

ritual: 儀式
attend:（式典など）に参列する
high-ranking: 地位の高い
official:（政府機関などの）当局者
globe: 地球、世界
position: 地位、身分
ceremonial: 儀式上の、儀礼上の

👉 **理解のポイント**
①は強調構文で、it wasn't とthat にはさまれたuntil this week を強調している。
②は関係代名詞節で、in which 以下は先行詞のceremony を修飾する。
③では過去分詞に導かれる形容詞句が、filled ...and attended...と並列されており、ともに名詞tradition を修飾している。

Japan is officially a parliamentary constitutional monarchy. / Though its emperor is a symbol of the country and the unity of the Japanese people, its decision-making power is in the hands of elected politicians. / Of course, some of them were also at the ceremony. / Will Ripley explains the event.

CNN REPORTER: The curtain opens on Japan's Reiwa, the era of beautiful harmony. / From atop a pavilion in Pine Hall, the most prestigious place in Tokyo's Imperial Palace, Emperor Naruhito officially declares his enthronement.

「即位礼正殿の儀」で天皇陛下が身につけていた装束は平安時代以来、天皇のみが着用できる色として伝わってきたもの。

parliamentary: 議会制の	**unity:** 統一、結束	**event:** 行事、催し
constitutional monarchy:	**decision-making power:**	**harmony:** 調和、一致
立憲君主制	意思決定の権限	**atop:** 〜の頂上に
though:	**in the hands of:** 〜の手中に	**pavilion:**
〜だけれども、〜にもかかわらず	**elected politician:**	仮設建築物、パビリオン
symbol: 象徴	選出された政治家	

CNN REPORTER | アメリカ英語

　日本は表向きは議会制立憲君主制です。/ 天皇は国および日本国民統合の象徴ではあるものの、国の意思決定の権限は選出された政治家の手中にあります。/ もちろん、その政治家の一部も式典に参加しました。/ ウィル・リプリーがその行事について説明します。

ＣＮＮ記者　日本の令和、美しく調和する時代の幕が開きます。/ 東京の皇居でもっとも由緒ある場所である「松の間」の仮設の玉座の上から、徳仁天皇が自らの即位を正式に宣言します。

お祝いの言葉を述べ、万歳三唱する安倍首相。

Pine Hall: 松の間
prestigious: 由緒ある、名誉ある
Imperial Palace: 皇居
declare: 〜を宣言する、公表する

☑ **ニュースのポイント**
● 日本の新天皇が即位する伝統的な儀式が執り行われた。
● 現代的なカップルである新天皇・皇后両陛下の即位は世界各国の注目を集めた。

☛ **理解のポイント**
④a symbolを修飾するof以下では、the countryとthe unity of the Japanese peopleが並列されている。
⑤のthe era of beautiful harmonyは、直前の名詞Japan's Reiwaと同格で、この語句を補足的に説明している。
⑥のthe most prestigious place...は、直前の名詞Pine Hallと同格で、この語句を補足的に説明している。

新天皇・皇后は現代的なカップル

⑦Adorned in 30-pound robes, styled centuries ago, the new emperor and Empress Masako are a surprisingly modern couple. / He went to Oxford; she went to Harvard. / Both speak English, perfect for hobnobbing with dignitaries from 174 countries, including Britain's Prince Charles, ⑧who also attended the enthronement of Emperor Emeritus Akihito in 1990. / Akihito abdicated more than five months ago and did not attend today's enthronement, ⑨keeping the spotlight on his son. /

This is perhaps Japan's biggest moment in the global spotlight until next summer's Tokyo 2020 Olympics.

当日、両陛下がまとわれた装束は十数キログラムもの重さがあるという。外国の客人から祝福を受ける天皇皇后両陛下。

adorn: 〜を飾る、装飾する	**style:**	**modern:** 現代的な
pound: ポンド ▶重量の単位。	〜を特定の型に合わせて作る	**perfect for:**
30ポンドは約13.6キログラム。	**empress:** 皇后	〜に最適な、うってつけの
robe: 装束	**surprisingly:**	**hobnobbing:** 懇談
	驚くほどに、意外にも	**dignitary:** 高官、要人

Aired on October 25, 2019

News 03

　数百年前の型に合わせて作られた、30ポンドの装束で着飾った新天皇と雅子皇后は、意外にも現代的なカップルです。／ 天皇はオックスフォード大学を、皇后はハーバード大学を出ています。／ 両方とも英語を話し、174カ国から訪れた高官と懇談するにはうってつけです。その中には、明仁上皇が1990年に即位したときにも参列した、イギリスのチャールズ皇太子も含まれています。／ 明仁上皇は5カ月以上も前に退位し、今日の即位の礼には参列せず、息子に花を持たせました。／

　これはおそらく、来年夏の2020年東京オリンピックを前に、日本が世界の注目を集める最大の瞬間でしょう。

世界各国から多くの要人がお祝いに駆けつけた。

Emperor Emeritus: 上皇
spotlight: 注目、スポットライト
perhaps: おそらく、たぶん
global: 全世界の

🚩 **Let's try to answer!**

Are you for or against Japan's parliamentary constitutional monarchy? Why?

👉 **理解のポイント**

⑦は受動態の分詞構文で、文頭にはbeingが省略されていて、意味上の主語であるthe new emperor and Empress Masakoの「付帯状況」を表す。なお、styled centuries agoはrobesを修飾する形容詞句。
⑧は関係代名詞節で、Prince Charlesを補足的に説明している。
⑨は分詞構文で、and kept the spotlight...と言い換えられる。

A Driverless Future
未来は車を所有したり 運転することのない社会⁉

車の運転は将来、違法になる⁉

CNN REPORTER: I spent the past year traveling the country, ①talking to entrepreneurs, engineers and test drivers ②who are building the cars of tomorrow. / And when they imagine the future, driving a car isn't part of it. /

They envision roads full of cars driven by machines, ③where traffic jams are no more, where the death rate by car accidents drops to zero, the end of car ownership, as we know it, even to the point of human driving one day becoming illegal. / I asked them all the same thing: What will the future look like, and what will it take to get there? / What I found was really exciting, but also a bit shocking.

---

driverless: 自動運転の	**imagine:** 〜を想像する	**death rate:** 死亡率
future: 未来	**envision:**	**car accident:** 自動車事故
spend: 〜を過ごす	〜を思い描く、想像する	**ownership:** 所有
entrepreneur:	**drive:** 〜を運転する	**as we know it:**
企業家、事業家	**machine:** 機械、コンピューター	われわれが知っている
engineer: 技術者	**traffic jam:** 交通渋滞	

世界中のメーカー各社が車の自動運転技術の開発にしのぎを削る中、まだ完全な自動化は実現していない。自動車メーカーのテスラ社の車も自動運転機能は備えているものの、完全な自動運転には対応していない。自動運転はコンピューターで制御されるため、ハッカーや個人情報問題など課題は多いが、すべてがうまくいけば未来の都市は自律走行車であふれているかもしれない。

CNN 10 - November 7, 2019
Updated 2304 GMT (0604 HKT) November 6, 2019

CNN REPORTER | アメリカ英語

ＣＮＮ記者 　私は昨年、国内を旅して過ごし、未来の車を作っている企業家や技術者、テストドライバーたちの話を聞いてきました。／ そして彼らが未来を想像するとき、車を運転することはそこに含まれていません。／

　彼らが思い描くのは、機械によって運転される車があふれる道路で、そこにはもはや交通渋滞などなく、自動車事故による死亡率はゼロまで下がっています。われわれが知っている、車を所有することの終わりです。いつか人間による車の運転が違法にすらなるところまで。／ 私は彼ら全員に同じ質問をしました。未来はどのような姿で、そこにたどり着くためには何が必要なのか。／ 分かったことはとてもわくわくすると同時に、ちょっと衝撃的でもありました。

to the point of: (程度が) 〜のところまで
illegal: 違法の
take: 〜を必要とする
exciting: わくわくする
shocking: 衝撃的な

👉 **理解のポイント**
①分詞構文でand talked toと言い換えられる。
②は主格の関係代名詞節で、後ろから entrepreneurs, engineers and test driversを修飾している。
③関係副詞whereに導かれる節が連続している。いずれも先行詞はroadsで、where以下はいずれもand there...と言い換えられる。

未来は車を所有したり運転することのない社会!?　31

車が走行するのは地域の境界だけ

GABE KLEIN (EXPERT ON CITY PLANNING): We will look back and say, "Wow, people owned cars to get from this point to that point."

CNN REPORTER: Eliminating car ownership would drastically change ④ the way we shape our cities.

KLEIN: You don't need cars on … on neighborhood streets anymore. / You just need them on the perimeter of your neighborhood.

CNN REPORTER: Porsche knows that driverless technology's around the corner, but they still want people to love driving, even if they do less of it on public roads.

車両をなくすことで、場所を再配分できると話すクライン氏。　スマホで空車を呼べば、目的地まで運んでくれる。

expert: 専門家	**point:** 場所、位置	**city:** 都市
city planning: 都市計画	**eliminate:**	**neighborhood:** 近隣、近所
look back: 回想する、振り返る	〜を除去する、廃絶する	**perimeter:**（地域を囲む）境界
wow: わあ！	**drastically:** 大幅に、劇的に	**around the corner:**
get: 〜に至る、到着する	**shape:** 〜を形づくる	すぐ近くに

ゲイブ・クライン（都市計画の専門家）　私たちは過去を振り返ってこう言うでしょう。「わあ！　ある場所から別の場所に移動するために、人々は車を所有していたんだ」、と。

ＣＮＮ記者　車の所有をなくすことで、私たちが都市を形づくる方法も劇的に変わるでしょう。

クライン　近所の通りに、車はもはや必要なくなります。/ 必要なのは、地域を囲む境界線においてのみです。

ＣＮＮ記者　ポルシェは自動運転技術がすぐそこまで来ていることを知っていますが、彼らはそれでも人々に運転を楽しんでほしいと考えています。たとえ、それを公道でやることが減ったとしても。

ドイツの伝統ある自動車メーカー、ポルシェ。

even if: たとえ〜だとしても
public road: 公道

☑ **ニュースのポイント**
● 将来、人間が車を所有・運転しない社会が到来するだろう。
● ドライブはサーキットで楽しむ娯楽に。
● 車以外にドローンや配達ロボットも活躍するだろう。

☞ **理解のポイント**
④はthe wayの後にin whichと同様の意味を表す関係副詞thatが省略されており、後ろには完全な文が続いている。

カーシェアリングの次に来るもの

All right, let's get back to the real world. / The rise of car-sharing services has already made people accustomed to the idea of not owning a car. / Today, human drivers pick us up when we use Uber or Lyft, but that's not going to last. /

The ripple effect of automation on our cities will be felt beyond just cars. / Drones will roam the skies ⑤making deliveries, and robots, like this one already in Washington, D.C., may bring food orders to your door very soon. /

All of these changes won't come easy. / Perhaps the biggest fear: ⑥What will happen when all these robots get better at our jobs than we are? / Will they replace us?

米国アトランタ郊外のポルシェ・エクスペリエンス・センター。

Starship Technologies の夢の配達ロボット。

real world: 現実の世界	**Uber or Lyft:** ウーバーやリフト	**automation:**
rise: 増加、増大	▶共にアメリカのアプリを使った	自動化、オートメーション
car-sharing: カーシェアリング	自動車配車サービス。	**beyond:** 〜を越えて
▶会員の間で特定の車を共同で使	**last:** 持続する、存続する	**roam:** うろつく
うサービスのこと。	**ripple effect:**	**make a delivery:** 配達する
accustomed: 〜に慣れて	波及効果、連鎖反応	**food orders:** 食べ物の注文
idea: 考え		

Aired on November 7, 2019

さて、現実の世界に戻りましょう。/ カーシェアリングサービスの増加によって、人々はすでに車を所有しないという考えに慣れました。/ 今日、ウーバーやリフトを使えば、人間のドライバーが私たちを乗せてくれますが、それは持続しないでしょう。/

自動化が私たちの都市にもたらす波及効果は、単に車を超えたところでも感じられるでしょう。/ ドローンは配達のために空を飛びまわり、すでにワシントンD.C.にあるこのようなロボットが、近い将来自宅まで食べ物の注文を届けてくれるかもしれません。/

これらの変化はどれも簡単には実現しません。/ 最大の懸念は、これらのロボットが私たちより仕事ができるようになったらどうなるか、ということかもしれません。/ 彼らは私たちに取って代わるのでしょうか。

News 04

人間はやがてロボットに取って代わられるのか。

to one's door:（人の）自宅に
come easy: 簡単にかなう
perhaps: ひょっとしたら
fear: 懸念、不安
replace: ～に取って代わる

🚩 **Let's try to answer!**

Do you look forward to a driver-less future? Why?

👉 **理解のポイント**

⑤は分詞構文で、roam the skiesと同時にしていること、つまり「付帯状況」を表す。
⑥は直前のthe biggest fearの内容を具体的に言い換えている。

Edible Bowls to Eliminate Plastic Waste
食用ボウルでプラごみをなくせるか

食べられる容器の可能性

AZUZ: We've talked a lot about plastic pollution in our oceans. / There are a number of companies ①working on edible containers, think bowls and spoons, to cut down on that. /

But at this point anyway, they come at a price. / The "edibowls" you're about to see cost 33 cents apiece if you buy them wholesale, ②meaning in bulk. / A foam bowl retails for about 3 cents. / But could the more expensive option be both healthy and friendly to the environment?

---

edible: 食べられる、食用の	**a number of:** いくつかの、多くの	**come at a price:** 高くつく
bowl: ボウル、どんぶり	**company:** 企業、会社	**(be) about to:**
eliminate:	**work on:** 〜に取り組む	まさに〜しようとしている
〜を取り除く、廃絶する	**container:** 容器、入れ物	**cost:** (費用が) かかる
plastic waste: プラスチックごみ	**cut down on:** 〜を削減する	**apiece:** 1個につき
pollution: 汚染、公害	**at this point:** 現在のところ	**wholesale:** 卸売り
ocean: 海	**anyway:** とにかく	**in bulk:** 大量に

プラスチックごみによる海洋汚染の環境への弊害が大きく叫ばれる中、使い捨て容器をなくす取り組みのひとつとして、ごみを全く出さない「食べられる食器」の開発が進められている。そうした取り組みの前に立ちはだかるのがコストの問題だ。現時点ではプラスチックの容器の方がはるかに安く、今後どれだけ大量生産できて単価を下げられるかが成功の鍵だと言われている。

CNN 10 - December 3, 2019

AZUZ ｜ アメリカ英語

アズーズ　海のプラスチック汚染について、私たちは多くをお伝えしてきました。／ 食べられる容器に取り組んでいる企業はいくつかあります。例えばボウルやスプーンなど、それらを削減するために。／

　しかし現時点では、それらはとにかく高くつきます。／ これからご紹介する「食べられるボウル」は、卸売りで、つまり大量に買っても１つ33セントします。／ 発砲スチロールのボウルは３セントくらいで小売されます。／ しかし、高くつく方の選択肢が、より健康的で環境に優しいものになるのでしょうか。

foam: 発泡材料
retail: 小売される
expensive: 費用のかかる、高くつく
option: 選択肢
healthy: 健康的な
friendly: 優しい
environment: 環境

👉 **理解のポイント**
①は現在分詞で、on以下を伴って形容詞として後ろからcompaniesを修飾する。
②は直前の名詞wholesaleを補足的に説明している。

カレーの容器を頼まれたのがきっかけ

CNN REPORTER: The beaches of Cape Town, like many around the world, are littered with food containers like these. /

This kind of waste bothered Georgina de Kock so much, that she was inspired to come up with a product that would eliminate it altogether. / It's called Munch Bowl. /

When did you come up with the idea to come up with an edible plate?

GEORGINA DE KOCK (DIRECTOR AND FOUNDER, MUNCH BOWLS)**:** It really started of thinking, you know, what alternatives are there? / Because someone asked me to create something for them to hold curry and rice.

マンチ・ボウルの原料は、お茶で知られるルイボスという南アフリカ原産のマメ科植物で、保存料は使っていない。

beach: 浜、海辺	inspire: 〜に着想を与える	munch: 食べる行為、軽食
Cape Town: ケープタウン	come up with: (アイデアなど)を	plate: 皿
▶南アフリカ共和国の立法首都。	思いつく、考え出す	alternative: 取って代わるもの
litter: 〜をごみで散らかす	product: 製品、商品	ask someone to:
bother:	altogether: 全く、完全に	(人)に〜するように頼む
〜を悩ませる、困惑させる		

CNN REPORTER | イギリス英語

ＣＮＮ記者 ケープタウンの海辺には、世界中の多くの海辺と同じように、このような食べ物の容器が捨てられています。/

こうした類いのごみはジョージーナ・デ・コックさんを大いに悩ませたため、彼女がこれらを完全になくす製品を考え出すきっかけになりました。/ それはマンチ・ボウルと呼ばれています。/

食べられるお皿を考え出すアイデアを思いついたのはいつですか。

ジョージーナ・デ・コック（マンチ・ボウルズ 取締役兼創始者） 実のところそれが始まったのは、ほら、取って代わるものは何だろうと考えたことからです。/ カレーライスを入れられるものを作ってほしいとある人に頼まれたので。

開発したデ・コックさんの話を聞くCNN記者。

create: 〜を開発する、生み出す
hold: （容器などが）〜を入れておける

☑️ **ニュースのポイント**

● プラスチックごみ削減のため、食用ボウルが開発されている。
● 保存料を使わずおいしく、サクサク感が楽しめる。
● プラスチックに比べてコストが割高なため、大量生産できるかが鍵だ。

👉 **理解のポイント**

③はso that構文で、「（that以下）するほど…」という意味。
④は主格の関係代名詞thatに導かれる節で、後ろからa productを修飾している。

生産量が増えれば安くなる

CNN REPORTER: Munch Bowls come in different flavors for sweet and savory food. / And while this is not the only edible tableware on the market, the company says they're in high demand. /

But for innovations like Munch Bowls to completely eliminate single-use plastics, they have to overcome one hurdle—price.

DE KOCK: It is much more expensive than plastic. / I think eventually, it'll become cheaper as we can produce more. /

Now, we don't have a problem with our export market. / They realize the need for this product and, you know, they are actually quite proud to be more green, eco-friendly.

マンチ・ボウルは電子レンジにかけることもでき、5時間ほどはサクサク感が保たれるという。

come in: 〜の形で売られる	**in high demand:** 需要が多い	**price:** 値段、価格
flavor: 味、風味	**innovation:** 革新、イノベーション	**eventually:**
sweet: 甘い、甘口の	**completely:** 完全に、全面的に	最終的には、いずれは
savory: 塩味の、辛味の	**single-use:** 使い捨ての	**cheap:** 安価な、（値段が）安い
tableware: 食卓用の食器類	**overcome a hurdle:**	**produce:**
market: 市場、マーケット	障害を乗り越える	〜を生産する、製造する

ＣＮＮ記者　マンチ・ボウルは、甘い食べ物と塩味の食べ物用に、異なる風味が提供されています。/ そして、これが市場にある唯一の食用の食器ではないものの、需要が多いと同社は言います。/

　しかし、マンチ・ボウルのような革新的商品が使い捨てプラスチックを完全に排除するためには、彼らはある障害を乗り越えなければなりません ── それは価格です。

デ・コック　マンチ・ボウルはプラスチックよりずっと割高です。/ 最終的に、私たちがもっと多く生産できるようになれば、安くなると思います。/

　そして、輸出市場に問題はありません。/ 彼らはこの商品の需要を実感しており、そう、地球と環境により優しいことに、実はかなり満足しています。

試食した記者も結構味を気に入っていた。

export: 輸出
realize: 〜に気づく、〜を実感する
actually: 実は、実のところ
(be) proud: 誇りに思う、満足している
green: 地球に優しい
eco-friendly: 環境に優しい

🚩 Let's try to answer!

Would you be willing to pay more for ecofriendly bowls and utensils? Why?

👉 **理解のポイント**
⑤の to 不定詞は「目的」を表す副詞句。

Louvre's Leonardo da Vinci Exhibition

ルーブルで没後500年の レオナルド・ダビンチ展

マルチな才能のルネサンス巨匠

AZUZ: It's been 500 years since Leonard da Vinci passed away. / He was an incredibly influential Italian, who① died in France. / And though that fact has caused some tensions at an extraordinary exhibition ②that just opened in France, the show has gone on. / It opened Friday. / It also contains works from other artists ③that are related to those of da Vinci. /

④He was considered an ideal renaissance man because he was so gifted—sculpture, architecture, art, invention. / Da Vinci was brilliant in multiple fields. / That's why half a millennium later, thousands are lining up just to see some of the pictures that came from his paintbrush or his pencil.

---

exhibition: 展覧会、展示会	**tension:** 緊張	**(be) related to:**
pass away: 亡くなる、他界する	**extraordinary:**	〜に関連している
incredibly:	並外れた、特別な	**consider:** 〜と見なす
非常に、信じられないほど	**show:** 展覧会	**ideal:** 最良の、理想的な
influential: 影響力の大きい	**contain:** 〜を含む	**gifted:** 優れた、才能のある
fact: 事実	**work:** 作品	**sculpture:** 彫刻（作品）
cause: 〜を引き起こす	**artist:** 芸術家、画家	**architecture:** 建築

フランス・パリのルーブル美術館で 2019 年 10 月 24 日から 2020 年 2 月 24 日まで、イタリア・ルネサンスの巨匠レオナルド・ダビンチの没後 500 年を記念する特別展が開催されている。ルーブル美術館の担当者は「ダビンチは 1516 年にフランスに渡り、晩年をこの国で過ごしたので、何かせずにはいられなかった。彼はイタリア人であると同時に、国境を超越した天才だ」と話している。

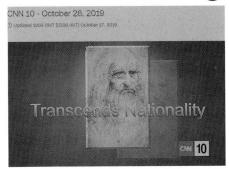

Azuz | アメリカ英語

アズーズ　レオナルド・ダビンチがこの世を去ってから 500 年になります。/ 彼は非常に影響力の大きいイタリア人で、フランスで亡くなりました。/ そしてその事実が、フランスで始まったばかりの特別な展覧会でいくらか緊張を引き起こしたものの、展示は続いています。/ 展覧会は金曜日に始まりました。/ 展示にはダビンチの作品に関連する他の芸術家の作品も含まれています。/

　彼がルネサンスの最高峰と見なされた理由は、その才能にあります —— 彫刻、建築、芸術、発明において。/ ダビンチは数多くの分野で才能を発揮しました。/ だからこそ、千年の半分を経てから、何千人もが行列を作っているのです。彼の絵筆や鉛筆から生み出された一部の絵画を見るためだけに。

invention: 発明
brilliant: 才気あふれる
multiple: 多数の
field: 分野、領域
millennium: 千年間
line up: 行列を作る、並ぶ
paintbrush: 絵筆

👉 **理解のポイント**
①②③はそれぞれ、主格の関係代名詞が導く節で、後ろから直前の名詞を修飾している。
④は受動態で、能動態に書き換えると (They) considered him (to be) an ideal renaissance man となる。

News 06

ダビンチは晩年をフランスで過ごした

CNN REPORTER: Ten years in the making, the Louvre's Leonardo da Vinci exhibition features more than 160 works, including many items on loan from all over Europe and the United States. /

The Italian master spent his last years as court artist to France's King Francis I. / That helps explain ⑤ the Louvre's permanent collection of five of da Vinci's surviving works and its decision to spend so much time and resources on this exhibition. /

Louvre's decision to organize this exhibition has led to some Franco-Italian tension. / Italy's far-right politician and a former deputy prime minister, Matteo Salvini, is among those ⑥ who has pointedly noted that da Vinci was Italian, not French.

ダビンチの展覧会としては過去最高の規模で、開幕前にインターネットで28万枚のチケットが売れたという。

in the making: 制作中の	**court:** 宮廷	**decision:** 決定、決断
feature: ～を呼び物にする、特集する	**King Francis I:** フランソワ1世 ▶在位 1515-1547。	**spend:** ～を使う、費やす
item: 品目	**permanent:** 常設の	**resource:** 資源
on loan: 貸出中で	**collection:** 収集物	**organize:** ～を企画する
master: 巨匠、大御所	**surviving:** 存続している	**lead to:** ～を引き起こす
		Franco-: フランスの

CNN REPORTER | アメリカ英語

CNN記者 制作に10年を費やしたルーブル美術館のレオナルド・ダビンチ展は、160以上の作品を呼び物にし、その中にはヨーロッパ全土やアメリカから貸し出された品目も数多く含まれています。/

　このイタリアの巨匠は、フランスのフランソワ1世の宮廷画家として晩年を過ごしました。/ そのことが、ルーブル美術館の常設展にダビンチの現存する5つの作品があることや、同館がこの展覧会にこれほど多くの時間と資源を費やすことに決めたことを説明するのに役立ちます。/

　ルーブル美術館がこの展覧会を企画することを決めたことで、フランスとイタリアの間にいくばくかの緊張が引き起こされました。/ イタリアの極右政治家で元副首相のマッテオ・サルヴィーニは、ダビンチがフランス人ではなくイタリア人だとあてつけがましく指摘したうちのひとりです。/

イタリアのマッテオ・サルヴィーニ元副首相。

far-right: 極右の
former: 元の
deputy: 副〜、代理の
among: 〜の中のひとりで
pointedly: あてつけがましく
note: 〜を指摘する

☑ ニュースのポイント

● レオナルド・ダビンチの没後50年を記念する特別展がルーブル美術館で開催されている。
● ダビンチは晩年をフランスで過ごしたイタリア人だが、国境を超えた天才だ。

👉 理解のポイント

⑤はexplainの目的語にあたるthe Louvre's permanent collectionとits decisionが接続詞andによって並列されている。to spend以下は、its decisionを修飾する不定詞の形容詞的用法。
⑥は主格の代名詞whoに導かれる節で、後ろからthoseを修飾している。that以下は、notedの目的語となる名詞節。

And there was a public debate in Italy about sending works of art on loan to the Louvre. / That hasn't dampened the enthusiasm surrounding this event. /

And according to The Louvre, a genius of the scale of da Vinci transcends nationality. /

This is a remarkable collection of Leonardo da Vinci's work on display all in one place. / Da Vinci's most famous work, of course, the "Mona Lisa," is reportedly viewed by about 30,000 people at the Louvre each and every day. / It isn't part of this special exhibition, ⑦as the organizers say it would risk overcrowding the space. / But ticketholders for the exhibition are free to take their place in line and jostle with the crowd.

ダビンチの作品の数々を見るために、大勢の人がルーブル美術館を訪れている。

public debate: 公開討論	**genius:** 天才、類まれな能力	**famous:** 名高い、有名な
dampen: 〜をくじく、湿らせる	**scale:** 規模、スケール	**reportedly:** 報道によれば
enthusiasm: 熱中、熱狂	**transcend:** 〜を超越する	**view:** 〜を見る、眺める
surrounding: 取り囲んでいる	**nationality:** 国籍	**each and every day:** 連日
event: 行事、催し物	**remarkable:** 注目に値する	**special exhibition:** 特別展
according to: 〜によれば	**on display:** 展示されて	**organizer:** 主催者

そしてイタリアでは、ルーブル美術館に芸術作品を送ることについて公開討論が行われました。/ そのことは、この催しを取り巻く熱狂を削ぐことにはなっていません。/

　そしてルーブル美術館によれば、ダビンチほどのスケールの才能は国籍を超越するといいます。/

　これはレオナルド・ダビンチの作品が一堂に会して展示されるという注目に値するコレクションです。/ ダビンチの最も名高い作品はもちろん『モナ・リザ』ですが、報道によれば連日約3万人が見物しているそうです。/ それが特別展示に含まれていないのは、混雑し過ぎる危険があるためだと主催者は述べています。/ ただし、展覧会のチケット所有者が列に並び、群衆に揉まれるのは自由です。

News 06

『モナ・リザ』は特別展示には含まれていない。

---

risk: 〜の危険を冒す
overcrowd: 〜に詰め込み過ぎる
ticketholder: チケット所有者
(be) free to: 自由に〜できる
jostle: 押し合いへし合いする
crowd: 群衆

🚩 **Let's try to answer!**

If Leonardo da Vinci were alive now, what do you think he would be creating?

👉 **理解のポイント**

⑦は接続詞 as が導く従属節で、節内の動詞 say と it の間には、名詞節を導く that が省略されている。なお、risk は動名詞を目的語に取ることができる。

Challenges of Doing Business in China

中国市場でビジネスをする代償

中国市場に参入するための「教訓」

CNN REPORTER: China's coveted consumer market comes with very big moral concessions for American brands and business. /

For virtually anyone who wants to do business in China, the message is, toe the Communist Party line or face threats of losing access to the market. / What is that line? / Often referred to as the three T's: Tibet, Taiwan and Tiananmen. /

① China considers Tibet's spiritual leader in exile, the Dalai Lama, to be a dangerous separatist, even though he's no longer pushing for Tibetan independence.

---

challenge: 難題、挑戦	**concession:** 譲歩、許容	**threat:** 脅威、恐れ
do business: 商売する	**virtually:** 事実上、ほとんど	**access:** 接近 (手段)
coveted: 誰もが望む	**message:** 教訓	**refer to:** 〜に言及する
consumer market:	**toe the...line:** 規則に従う	**consider:** 〜と見なす
消費者市場	**Communist Party:** 共産党	**spiritual leader:** 宗教指導者
moral: 道徳上の	**face:** 〜に直面する	**in exile:** 亡命中で

現在、世界第1位と第2位の経済大国であるアメリカと中国。両国の貿易関係が及ぼす影響は、今や関税や輸出入の問題にとどまらない。新しいところでは、2019年10月に米プロバスケットボールNBAのチームであるヒューストン・ロケッツの幹部が、香港デモを応援するツイートを投稿したことで中国の怒りを買い、NBAは国外で最大市場の中国で多額の金銭的損失を被った。

CNN 10 - November 25, 2019

CNN REPORTER | アメリカ英語

ＣＮＮ記者 誰もが望む中国の消費者市場は、アメリカのブランドや企業にとって、道徳上の非常に大きな譲歩を伴います。/

中国でビジネスをしたいほとんどすべての人にとっての教訓とは、共産党の方針に従うか、それとも市場参入を絶たれる危機に直面するか、というものです。/ その方針とは何か。/ よく言われるのが3つの"T"で、チベット、台湾と天安門です。/

中国は亡命中のチベットの宗教指導者ダライ・ラマを、危険な分離主義者と見なしています。彼がもはやチベットの独立を強く要求していないのにもかかわらず。

---

dangerous: 危険な
separatist: 分離主義者
even though: ～にもかかわらず
no longer: もはや～でない
push for: ～を強く要求する
independence: 独立

👉 **理解のポイント**
①の主節はSVOCの第5文型で、目的語のTibet's spiritual leaderと補語のto be a dangerous separatistは、主語－述語関係にある。

中国が目を光らせる3つの "T"

On the subject of Taiwan, China views it as a Chinese province, even though it's self-governing and democratic. / And Tiananmen … well, the uprising in 1989 killed anywhere from several hundred to thousands of people. / It is a global symbol of the struggle for democracy, and democracy is a no-go in communist China. /

More recently added to the no-go list for American companies: democracy protests in Hong Kong and the plight of Uighur Muslims. /

Mostly companies cave when China complains. / Last year, US Airlines bowed to Chinese demands ② to change the way they referred to Taiwan on their website.

天安門広場ではデモ隊に軍が武力行使し、多数の死傷者が出た。　2019年3月に始まった香港の民主化デモ。

subject: 主題、テーマ	**uprising:** 暴動、反乱	**struggle:** 争い、闘争
view...as: …を〜として見る	**anywhere from...to:**	**no-go:** 不正なもの
province: 省、州	…から〜程度に	**recently:** 最近、近年
self-governing: 自治の	**global:** 世界的な	**protest:** 抗議活動、デモ
democratic: 民主主義の	**symbol:** 象徴、記号	**plight:** 窮状、苦境

　台湾のテーマについては、自治権がある民主主義国であるにもかかわらず、中国はそれを中国の省として見ています。／　そして天安門…では、1989年の暴動で数百人から数千人程度の死者が出ました。／　天安門（事件）は民主化を求める闘争の象徴であり、民主主義は共産主義の中国においては不正なものです。／

　アメリカ企業への不正なもののリストに最近加えられたのは、香港民主化デモと、ウイグル人イスラム教徒たちの窮状です。／

　中国に文句を言われると、ほとんどの企業が屈服します。／アメリカン航空は昨年、自社ウェブサイト上の台湾に関する表現の変更を求める中国の要求に屈しました。

アメリカン航空は「台湾」の表記を削除した。

Muslim: イスラム教徒
cave: 屈服する、降参する
complain: 文句を言う
bow to: 〜に屈する
demand: 要求

☑ ニュースのポイント
● 中国でビジネスをする外国企業は、中国共産党によって言論を厳しく制限される。
● すでに多くの企業や組織が、譲歩を余儀なくされている。

☛ 理解のポイント
②のto changeは不定詞で、後ろからdemandsを修飾する。the wayとtheyの間には（in which/that）が省略されているので、その後ろは完全な文となる。

China's aviation authority also ③demanded Hong Kong and Macao be clearly labeled as part of China. / The U.S. government called China's language police "Orwellian nonsense." /

The White House, in a statement, vowed to stand up for Americans ④resisting efforts by the Chinese Communist Party ⑤to impose Chinese political correctness on American companies and citizens, but airlines obliged China. / So did GAP, which quickly apologized for a T-shirt with a map of China that did not include Taiwan. / More recently the NBA initially distanced itself from comments from a team executive that were sympathetic to Hong Kong protestors. / The result? / Cancelled games, severed business deals.

中国の言語警察を非難するポンペオ米国務長官。

台湾を含まない中国のGAP Tシャツ。

aviation: 航空	**nonsense:** たわごと、ナンセンス	**impose:** 〜を強要する
authority: 官庁、機関	**statement:** 声明	**political correctness:**
clearly: 明確に、はっきりと	**vow:** 〜を明言する、公約する	政治的公正
label...as: …を〜に分類する	**stand up for:**	**oblige:** 〜の喜ぶことをする
Orwellian: ▶近未来の全体主	〜のために立ち向かう	**apologize:** 謝罪する
義社会を描いた小説『1984』の作家	**resist:** 〜に抵抗する	**initially:** 当初は、最初は
ジョージ・オーウェルに言及した表現。	**effort:** 努力、取り組み	

Aired on November 25, 2019

　中国の航空当局はまた、香港とマカオを中国の一部だと明確に示すことも求めました。/ アメリカ政府は中国の言語警察を「オーウェル的なナンセンス」と呼びました。/

　ホワイトハウスは声明で、立ち向かうことを明言しました。アメリカの企業や市民に中国の政治的公正を強要しようとする、中国共産党に抵抗するアメリカ人のために。しかし、航空会社は中国のご機嫌を取りました。/ 同様に、GAPもまた、台湾を含まない中国の地図をのせたTシャツについて、すぐに謝罪しました。/ もっと最近では、NBAは当初、香港のデモ隊に同情的だったチーム幹部のコメントと距離を置いていました。/ その結末とは。/ 中止された試合と、ビジネス取引の断絶です。

🚩 **Let's try to answer!**

How should the Japanese government face China regarding delicate issues like protests in Hong Kong?

NBAのチーム幹部のツイートが大問題に発展。

distance oneself from:
〜と距離を置く
executive: 幹部
sympathetic: 同情的な
result: 結末、結果
severed: 切断された
business deal: 商取引

👉 **理解のポイント**

③では、demandedとHong Kongの間にthatが省略されている。なお、提案・要求・決定などを表す動詞に続くthat節内の動詞はshouldがない場合、原形が用いられる。
④の現在分詞resistingは、後ろからAmericansを修飾する。
⑤のto imposeは、後ろから名詞the Chinese Communist Partyを修飾するto不定詞の形容詞的用法。

中国市場でビジネスをする代償 |

Lincoln and the Board Game of "Life"

本当は恐ろしい「人生ゲーム」?!

リンカーンのせいで誕生したゲーム

CNN REPORTER: Without Abraham Lincoln and really his beard, Milton Bradley, the godfather of board games, would have never existed. / Bold statement, I know, but let me explain. /

The "Game of Life", the spinner, the cars, the choices—college or career, kids or no kids, lawyer or farmer. / This family game night staple was once a pretty morbid game. /

Back in the 1800s, Milton Bradley was in the lithograph business. / Following the Republican National Convention of 1860, Bradley printed thousands of images of Abraham Lincoln, who was clean-shaven at the time.

---

board game: ボードゲーム
▶盤を使って遊ぶゲーム。
Abraham Lincoln: エイブラハム・リンカーン ▶第16代米国大統領 (1861-1865)。
beard: あごひげ
godfather: 創始者

exist: 存在する
bold statement: 大胆な発言
spinner: ルーレット
choice: 選択 (肢)
college: 大学
career: 職業、キャリア
kid: 子ども

lawyer: 弁護士、法律家
farmer: 農場経営者、農民
staple: 必需品、定番
pretty: かなり、相当
morbid: 陰気な、恐ろしい
back in: 〜に遡って、〜の頃に

日本でもお馴染みの「人生ゲーム」。その原形は、実は1860年にアメリカで誕生したものだった。印刷業を営んでいた24歳のブラッドリー青年が、チェス盤を使って遊ぶチェッカーのボードに、人生の出来事を盛り込んだゲームを考案。敬虔な清教徒だった彼が聖書の教えを込めたこのゲームは、1年で4万セット以上を売り上げる大ヒットとなった。現在では世界21言語に翻訳されている。

CNN REPORTER | アメリカ英語

ＣＮＮ記者 エイブラハム・リンカーン、それも彼のあごひげがなければ、ボードゲームの創始者ミルトン・ブラッドリーは存在しなかったでしょう。/ 大胆な発言だということは分かっていますが、説明させてください。/

「人生ゲーム」、ルーレットに車（コマ）に選択肢 —— 大学か仕事か、子どもを作るか、作らないか、弁護士か農民か。/ 家族で夜遊ぶこのゲームの定番は、かつてはかなり陰気なゲームでした。/

1800年代に遡り、ミリトン・ブラッドリーは石版画の仕事をしていました。/ 1860年の共和党全国党大会の後、ブラッドリーは当時ひげをきれいに剃っていたエイブラハム・リンカーンの肖像を何千枚も印刷しました。

News 08

lithograph: 石版画、リトグラフ
Republican: 共和党の
National Convention: 全国党大会
print: 〜を印刷する; 印刷（物）
image: 肖像
clean-shaven: （ひげなどを）きれいに剃った

☞ **理解のポイント**
①は直前の名詞 Milton Bradley と同格で、この人物の補足説明をしている。
②は主格の関係代名詞 who が導く節で、後ろから Abraham Lincoln を修飾している。

natural 45　slow 48

Shortly thereafter, Lincoln debuted his iconic beard, (3)rendering all of Bradley's prints worthless. / His lithograph business went belly up, so Bradley was forced to try something new. /

He came up with a board game, a seemingly dark and twisted board game, appropriately named "The Checkered Game of Life." / The game functioned in a similar way to how it does now. / There was a spinner, colored circles (4)that moved around the board, and of course, squares (5)that could either make you or break you.

あごひげのないリンカーンの肖像画はゴミと化した。

当時のルーレットは盤に固定されていなかった。

thereafter: その後	**(be) forced to:**	**appropriately:**
debut: 〜をデビューさせる	〜することを余儀なくされる	適切に、ふさわしく
iconic: 象徴的な、アイコン的な	**come up with:**	**name:** 〜に名前をつける
render:	〜を考え出す、思いつく	**checkered:**
（人・物を）〜の状態にする	**seemingly:** 一見したところ	チェック模様の、波乱に富んだ
worthless: 価値のない	**dark:** 暗い、陰気な	**function:** 機能する、働く
go belly up:（会社が）倒産する	**twisted:** ねじれた、変な	**similar:** 同様の、類似した

その後間もなく、リンカーンはその象徴的なあごひげをデビューさせ、ブラッドリーの印刷物をすべて無価値なものにしてしまいました。/ 彼の石版画の事業は倒産し、そのためにブラッドリーは何か新しいことに挑戦することを余儀なくされたのです。/

彼が考案したボードゲームは、一見したところ陰気で変わったボードゲームで、「波瀾万丈の人生ゲーム」というふさわしい名前がつけられました。/ そのゲームは現在と似たような方法で機能しました。/ そこにはルーレットがあり、盤の上を動き回る色のついた円形のコマがあり、あなたの運命を左右するマス目ももちろんありました。/

若くして成功したブラッドリー氏。

colored: 色のついた
circle: 円形のもの
of course: 言うまでもなく、もちろん
square: 四角、正方形
make or break: 運命を左右する

☑ ニュースのポイント

● 人生ゲームの誕生には、実はリンカーンが深く関わっていた。
● オリジナル版はもっと暗くて陰気な内容だったが、20世紀になってから明るく楽しいゲームに生まれ変わった。

👉 理解のポイント

③は分詞構文で、and (he) rendered...と言い換えられる。
④は主格の関係代名詞thatが導く節で、後ろからcolored circlesを修飾する。
⑤も主格の関係代名詞thatが導く節で、後ろからsquaresを修飾する。

The squares on the original game were overwhelmingly grim, boasting actions like disgrace, poverty, ruin, crime, prison. / Regardless, the game flew off the shelves. / Kids loved it, and Milton Bradley went on to own family game night. /

Fast forward to about 100 years later, they revamped the game, ₆trading Bradley's morbid squares for the more delightful ones like payday or graduation, ₇which we have all come to know and love. / And so there you have it, the story of the game called "Life." / Thanks, Lincoln.

現在世界30カ国で販売。日本では1968年に発売後、日本オリジナルの内容に変更され、独自の発展を遂げてきた。

original: 最初の、初代の
overwhelmingly: 圧倒的に
grim: 冷酷な、容赦のない
boast: 〜を自慢にする、誇る
action: 活動、話の展開
disgrace: 不名誉、恥辱
poverty: 貧困、貧乏

ruin: 堕落、破滅
crime: 犯罪、悪事
prison: 刑務所、監獄
regardless:
それでも、（〜に）かかわらず
fly off the shelves:
飛ぶように売れる

go on to:
次に〜する、〜に取りかかる
own: （ゲームなどで）勝つ
fast forward to:
〜まで話を進めると
revamp: 〜を改良する

　初代ゲーム盤のマス目は圧倒的に容赦がなく、不名誉や貧困、破滅、犯罪、監獄などの展開を売りにしていました。/ それでも、ゲームは飛ぶように売れました。/ 子どもたちはそれが大好きで、ミルトン・ブラッドリーは次に家族の夜のゲームを支配しました。/

　およそ100年後に話を進めると、彼らは人生ゲームを改良し、ブラッドリーの陰気なマス目をもっと楽しいものに入れ換えました。例えば、給料日や卒業といった、私たちの誰もが知るようになった大好きなものたちに。/ それで「人生ゲーム」の物語の出来上がりです。/ リンカーンに感謝。

かつての人生ゲームは暗い言葉が目立っていた。

trade A for B: AとBを差し替える
delightful : 楽しい、うれしい
payday: 給料日
graduation: 卒業
come to:（ある状態に）なる

🚩 **Let's try to answer!**

Would you rather play the original version or the modern version of the "Game of Life"? Why?

👉 **理解のポイント**

⑥は分詞構文で、and (they) traded...と言い換えられる。
⑦は目的格の関係代名詞 which の導く節で、後ろから payday or graduation を修飾する。

News 08

MRI Used to Learn What Dogs Are Thinking

MRI で犬の気持ちを解明 ?!

犬の心の中を解明する研究

natural 50 slow 53

AZUZ: If you've ever looked at your dog and asked, "What are you thinking?," there's a team of scientists at a private university in Georgia ① who are using magnetic resonance imaging, MRI technology, to try to discover just that. / Of course, that involves putting the animals into an MRI machine, and that requires a bit of training.

GREGORY BERNS (NEUROSCIENTIST, EMORY UNIVERSITY): I work with dogs to train them to go into an MRI scanner and try to figure out ② what makes them tick and what they're thinking.

MRI (magnetic resonance imaging): (核) 磁気共鳴画像法 ▶磁力と電磁波を使って体内の断面像を撮影する検査。 **think:** 考える **ever:** これまで、今までに	**ask:** 〜を質問する、問う **team of:** 〜の一団 **scientist:** 科学者 **private university:** 私立大学 **technology:** 科学技術、テクノロジー	**discover:** 〜を発見する **involve:** 〜を含む、伴う **machine:** 機械 **require:** 〜を必要とする **a bit of:** 少しの〜 **training:** 訓練、トレーニング

人類の良きパートナーとして古くから共に生きてきた犬。その犬の心をMRIを使って研究している人物がいる。米国ジョージア州アトランタにあるエモリー大学の神経科学者、グレゴリー・バーンズ氏は犬と共に育ち、傍に常に犬がいたという大の犬好きだ。最愛の犬を亡くしたときに、自分が愛したのと同じように犬も愛してくれていたのだろうか、と思ったのをきっかけに研究を始めた。

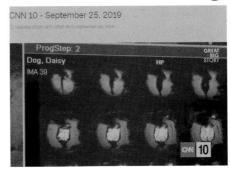

AZUZ | アメリカ英語

CNN記者 あなたがこれまでに自分の飼い犬に向かって、「何を考えているの?」と聞いたことがあるなら、ジョージア州の私立大学に(核)磁気共鳴画像法、すなわちMRI技術を使って、まさにそれを解明しようとしている科学者のチームがいます。/ もちろん、それは動物たちをMRI装置の中に入れることを伴い、それには多少のトレーニングが必要です。/

グレゴリー・バーンズ(エモリー大学 神経科学者) 私は犬たちを扱う仕事をしており、彼らがMRIスキャナーに入るように訓練して、彼らが何によって行動するのか、彼らが何を考えているかを解明しようとしています。/

neuroscientist: 神経科学者
work with: ～を扱う仕事をする
scanner: 走査装置
figure out: ～を見つけ出す、解明する
tick: 動く、行動する

👉 **理解のポイント**
①は主格の関係代名詞 who に導かれる形容詞節で、後ろから a team of scientists を修飾する。
②は主格の関係代名詞 what に導かれる名詞節で、直前の動詞 figure out の目的語となっている。

All of these basic things that we've begun to sort out in humans, at least in human brains, we want to do in dogs. / If dogs can be trained to go into an MRI machine, then maybe we could figure out what they actually think. /

So we have a dog in the scanner. / That's Katie, and she is a veteran on the project. / This is probably about the 15th time she's done this. /

When we hold the tryouts, it lets us weed out the dogs that we don't think would enjoy doing this. / One of the benefits, then, of having more participants, as it gives you statistical power, you can start to average dogs' brains together and get a better sense for what's happening.

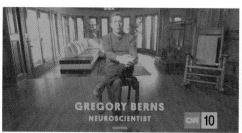

GREGORY BERNS
NEUROSCIENTIST

MRIを使って犬の脳を研究している神経科学者のバーンズ氏。　このプロジェクトのベテラン犬のケイティー。

basic: 基本的な、基礎の	**actually:** 実際に、実際のところ	**tryout:** 適性テスト
sort out:	**veteran:** ベテラン、熟達者	**weed out:** ～を取り除く
～を整理する、分類する	**project:**	**enjoy:** ～を楽しむ
human: 人間	事業 (計画)、プロジェクト	**benefit:** 恩恵、メリット
at least: 少なくとも	**probably:** たぶん、おそらく	**participant:** 参加者
brain: 脳、頭脳	**hold:** ～を開催する	**statistical:** 統計上の

私たちが人間の脳で —— 少なくとも人間の脳で、整理し始めたこれらの基本的な事柄を、犬でもやりたいと考えています。/ 犬たちをMRI装置に入るように訓練することができれば、彼らが実際に何を考えているか解明できるかもしれません。

さて、犬がスキャナーの中に入っています。/ あれはケイティーで、彼女はプロジェクトのベテランです。/ 彼女がこれを行うのはおそらく15回目ぐらいでしょう。/

私たちは適正テストを開催することで、これをやることを楽しめないだろうと思われる犬たちを除外することができます。/ そして、参加者が増えることの利点のひとつは、統計的な検出力が高まることにより、犬たちの脳の平均値を出すことができるようになり、何が起こっているかより深く理解できることです。/

参加してくれる犬と飼い主を口コミで募る。

power: 検出力
average: 〜の平均値を求める
get a sense of: 〜を感じ取る

☑ **ニュースのポイント**

● MRIを使った犬の脳を調べる研究で、犬は餌だけでなく、褒められることにも同様に反応した。

☛ **理解のポイント**

③は目的格の代名詞thatに導かれる形容詞節で、後ろから名詞these basic thingsを修飾している。
④このままでも間違いではないが、slow音声では文意上より自然な現在進行形で読まれている。
⑤は関係代名詞thatに導かれる形容詞節で、後ろからthe dogsを修飾している。動詞thinkの目的語にあたるthat節内の主語they (the dogs) が省略され、関係代名詞に置き換わっていると考えるとよい。

犬は動物界と人間界の大使

I started wondering very seriously ⑥if we could really finally answer this question, do dogs essentially like us just for the social bond, not about the food? / And what we found was, in looking at the reward system, ⑦that almost all the dogs had equal responses both to food as well as praise. / And even a few dogs liked the praise more. /

The things that we were finding about the dog's brain in many ways confirm, I think, ⑧what people know in their hearts about how dogs behave and why they behave. /

And the way I think about dogs is, in many ways, they're the ambassadors to the animal world. / They're not that different from many of the other mammals out there, and so I suspect that ⑨a lot of what we find in dogs probably holds true for pretty much any mammal.

バーンズ氏はまず手作りの模擬MRI装置で犬を訓練した。

一番最初に訓練を受けた黒いテリアのキャリー。

wonder: 〜を知りたいと思う	**reward system:**	**confirm:** 〜を裏づける
seriously: 真面目に、真剣に	（脳の）報酬系	**in one's heart:**
finally: ついに、ようやく	**response:** 反応	内心は、本音では
essentially: 本質的に	**praise:** 褒めること	**behave:** 振る舞う、行動する
social bond: 社会的絆	**in many ways:**	**ambassador:** 大使
	いろいろな意味で	

Aired on September 25, 2019

　私は、ようやくこの問いに自分たちが答えられるのではないかと真剣に思うようになりました。すなわち、犬が本質的に、餌だけではなく、社会的絆のために私たちを好きなのではないか、という。／そして明らかになったのは、（脳の）報酬系を見ると、ほとんどの犬が餌と褒めることの両方に対して同様の反応を示したことです。／そして褒められることをより好んだ犬も数匹いたほどです。／

　私たちが犬の脳について発見してきた事柄は、私が思うに、人間が内心知っていることを、いろいろな意味で裏づけてくれます。犬がどのように行動し、なぜそのように振る舞うかについて。／

　そして私の犬に対する考え方は、いろいろな意味で、彼らが動物界への大使だということです。／彼らは世の中の他の多くの哺乳動物とそれほど違わず、そのために私たちが犬について発見する事柄の多くは、大体どの哺乳類に対しても当てはまるのではないかと考えています。／

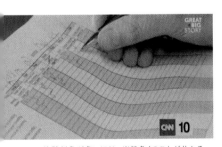

治験対象が多いほど、当然多くのことが分かる。

mammal: 哺乳類
suspect: 〜ではないかと疑う
hold true: （主語が）事実である
pretty much: 大体、ほとんど

> 📌 **Let's try to answer!**
>
> Will knowing what an animal is thinking be useful or not? Why?

News 09

☞ **理解のポイント**
⑥の if 節は名詞節で wondering の目的語となっている。
⑦は文の補語となる that 節。in looking at the reward system は挿入句。
⑧は関係代名詞 what に導かれる名詞節で、節全体が直前の動詞 confirm の目的語となっている。
⑨は関係代名詞 what に導かれる名詞節で、前置詞 of の目的語となっている。

First Artificial Skin for Robots

ロボット用の人工皮膚を開発

ロボットと触れ合うのは危険 ?!

CNN REPORTER: It's hard not to want to hug Wall-E, but ①cozying up to some of his real-life counterparts…

DR. GORDON CHENG (PROFESSOR OF COGNITIVE SYSTEMS, TECHNICAL UNIVERSITY OF MUNICH): They can be very dangerous.

CNN REPORTER: That's why this professor wants to help man and machine interact better than ever before, and he's creating robotic skin to help. /

Robots today are often used in factories and on assembly lines. / But because robots have no awareness of themselves or their surroundings, they can be dangerous.

---

artificial: 人工的な
skin: 皮膚、皮
robot: ロボット
hard: 難しい、困難な
hug: 〜を抱きしめる

Wall-E: 『ウォーリー』 ▶2008
年公開の、ゴミ処理ロボット、ウ
ォーリーを主人公とするアメリカ
の長編アニメ映画。
cozy up to:
〜と親しくなろうとする
real-life: 現実の

counterpart:
同等のもの、片われ
cognitive system:
認知システム
dangerous: 危険な
machine: 機械
interact: 関わる、交流する

産業用ロボットは増加傾向にあり、製造業の企業における従業員1万人あたりのロボット数は2017年には約85台に上った。その数は2021年にかけて世界で年14％上昇することが見込まれているが、ロボットは物理的な接触を感知して反応することができないため、人間が事故に巻き込まれる危険性も増す。その問題を解決するため、人工皮膚の開発が科学者たちによって進められている。

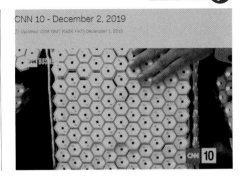

CNN 10 - December 2, 2019

CNN REPORTER | アメリカ英語

CNN記者 「ウォーリー」を抱きしめたいと思わずにいるのは難しいですが、現実にその片われと仲良くしようとするのは…

ゴードン・チェン博士（ミュンヘン工科大学　認知システム教授）　彼らは非常に危険になり得ます。

CNN記者　そのため、この教授は人間と機械がかつてないほどうまく関わるのを手助けしたいと考えており、そのためにロボットの皮膚を開発しています。/

今日、ロボットは多くの場合、工場や製造ラインで使われています。/ しかし、ロボットには自分自身や周囲の状況に対する意識がないため、危険な存在になり得ます。

than ever before: かつてないほど
create: ～を作り出す、開発する
often: たいてい、よく
factory: 工場
assembly line: 製造（組立）ライン
awareness: 自覚、意識
surrounding: 周囲の状況

👉 **理解のポイント**
①の後ろには、動詞などの文の要素が省略されており、文末に含みを持たせている。

News 10

DR. CHENG: When a factory buys a robot, they put a fence completely around it. / So keeping human away from the robot, and we want to actually remove the fence.

CNN REPORTER: To do that, Dr. Gordon Cheng created the world's first artificial skin for robots, ②enabling them to feel and respond to physical contact. /

More than 13,000 sensors cover each one's body from shoulder to toe, ③detecting temperature, proximity and pressure. /

Several research teams have tried giving the gift of touch to robots, according to Gordon, and the sensors were never the problem, but the computing power needed to process this data proved overwhelming.

2008年に公開された映画の主人公ウォーリー。　　危険なためロボットとの間は仕切られている。

fence: 囲い、柵	**feel:** ～を感知する	**toe:** つま先、足指
completely: 完全に	**respond to:** ～に反応する	**detect:** ～を見つける、感知する
human: 人、人間	**physical contact:**	**temperature:** 温度、体温
actually: 実際に、本当に	物理（身体）的接触	**proximity:** 近いこと、接近
remove: ～を取り除く	**sensor:** センサー、感知装置	**pressure:** 圧力
enable...to:	**cover:** ～を覆う	**several:** いくつかの
…が～できるようにする	**shoulder:** 肩	**research team:** 研究チーム

チェン博士　工場がロボットを購入すると、それを完全に取り囲む仕切りを設置します。/ つまり、人をロボットから隔離するわけですが、私たちはその仕切りを実際に取り除きたい。

CNN記者　そうするために、ゴードン・チェン博士は世界初のロボット用人工皮膚を開発し、ロボットが物理的接触を感知して反応できるようにしました。/

人体はそれぞれ、肩からつま先まで1万3,000以上のセンサーに覆われており、それらは温度や近さ、圧力などを感知します。/

ゴードン氏によると、いくつかの研究チームがロボットに触覚を与えることを試みたそうですが、センサーが問題となったことはないものの、そのデータ処理に要する計算能力は膨大であることが判明しました。

Gordon Cheng

When a factory buys a robot, they put a fence completely around it.

ロボット用の人工皮膚を開発するチェン博士。

gift: 才能、資質
touch: 触覚
according to: 〜によれば
computing power: 計算能力
process: 〜を処理する
prove: （〜であると）判明する
overwhelming: 圧倒的な、巨大な

☑ **ニュースのポイント**
- ロボットには感覚機能がないため、事故の危険性が懸念されている。
- そのため、人工皮膚を備えたロボットの開発が進められている。
- 新しい変化の情報だけを伝達することで実現が可能に。

News 10

☞ **理解のポイント**
②は分詞構文で、and enables them to feel... と言い換えられる。
③は分詞構文で、and detect temperature, proximity and pressureと言い換えられる。

将来は介護ロボットなども可能に

The group turned to human skin to solve the problem. / Each person has about 5 million skin receptors, but your brain can't digest info from each one at the same time. / Instead, the nervous system prioritizes new sensations. / For instance, you feel gloves when you first put them on, but eventually your body basically forgets they're there. /

Inspired by this system, the team combined algorithms with sensors designed to transmit information only when their values changed. / The end result, a robot that can be guided by touch, detect uneven surfaces, and respond to physical presence. /

Those applications will enable a future of mechanical caregivers, health workers, and even companions.

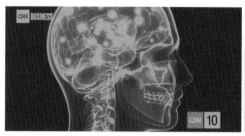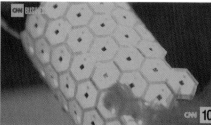

新しい感覚に反応する脳のシステムにヒントを得て、値が変化したときのみ情報を伝えるようにプログラミングした。

turn to: 〜の方を向く、〜を調べる	**info:** 情報 ▶information の略。	**inspired by:** 〜からヒントを得て
solve a problem: 問題を解決する	**nervous system:** 神経系	**combine:** 〜を結びつける
receptor: 受容体	**prioritize:** 〜を優先する	**algorithm:** アルゴリズム、算法
brain: 脳、大脳	**sensation:** 感覚、知覚	**transmit:** 〜を送る、送信する
digest: 〜を消化する、理解する	**for instance:** 例えば	**value:** (数)値
	gloves: 手袋	**end result:** 結末、最終結果
	eventually: そのうち、いずれは	**guide:** 〜を導く

Aired on December 2, 2019

　チームはこの問題を解決するために、人間の皮膚に着目しました。／ 人間には一人約500万の皮膚受容体がありますが、脳はそれぞれからの情報を同時には処理できません。／ その代わりに、神経系は新しい感覚を優先します。／ 例えば、最初に手袋をはめたときにはそれを感じますが、やがてあなたの体はそれがそこにあることを基本的に忘れてしまいます。／

　このシステムにヒントを得て、チームはアルゴリズムと、それらの値が変化したときのみに情報を伝えるよう設計されたセンサーを結びつけました。／ その結果できたのが、触ることによって導かれ、平らでない表面を感知し、物理的な存在に反応することができるロボットです。／

　これらのアプリは将来、機械で動く介護士や医療従事者、話し相手さえも可能にするでしょう。

ロボットに介護される時代がくるかもしれない。

uneven: 平らでない
surface: 表面
physical presence: 物理的な存在
application: アプリ（ケーション）
mechanical: 機械の、機械によって動く
caregiver: 介護士
health worker: 医療従事者

🚩 **Let's try to answer!**

How do you feel about the use of mechanical caregivers and health workers?

👉 **理解のポイント**
④は分詞構文で、(The team is) inspired by this system, (and)...と言い換えられる。
⑤のdesignedは過去分詞で、形容詞としてto以下を伴ってsensorsを修飾する。
⑥は主格の関係代名詞thatに導かれる節で、be guided、detect、respondが動詞として並列されている。

News 10

U.S. Presidential Election

アメリカ大統領選を左右する予備選挙

予備選挙で候補者が 2 人に絞られる

CNN REPORTER: American politics is dominated by two parties, ①Republicans and Democrats. / That means only two people have any real chance in the presidential election every four years. / If you want to help decide who those two candidates are, the primaries are your best chance. /

The idea of actual voters participating in the primary process, ②it's relatively recent, as in New Hampshire didn't put candidate names on primary ballots until 1948, and those results weren't binding until 1952.

---

presidential election: 大統領選挙	**Democrat:** 民主党（員）	**primary:** 予備選挙 (primary election)；最初の
politics: 政治	**mean:** 〜を意味する	**idea:** 考え方、発想
dominate: 〜を支配する	**chance:** 機会、チャンス	**actual:** 実際の
party: 政党	**every:** 〜ごとに、〜おきに	**voter:** 有権者、投票する人
Republican: 共和党（員）	**decide:** 〜を決定する	**participate:** 参加する
	candidate: 候補者	

2020年11月3日に予定されているアメリカ大統領選挙。共和党は現職のトランプ大統領を負かす候補者はいないだろうとみられているものの、民主党は熾烈な候補者争いが繰り広げられている。2月3日のアイオワ州党員集会を皮切りに、6月にかけて各州で行われる予備選挙や党員集会を通じて州の代表である代議員を選出し、指名争いの勝者が実質的に決定することになる。

CNN REPORTER | アメリカ英語

ＣＮＮ記者 アメリカ政治は2つの政党によって支配されています、共和党と民主党という。/ このことが意味するのは、4年ごとの大統領選挙で本当にチャンスがあるのは2人しかいない、ということです。/ その2人の候補者を誰にするか決めるのに一役買いたいなら、予備選挙が最大の機会です。/

実際の有権者が予備選挙に参加するという考え方、これは比較的最近のものです。なぜなら、ニューハンプシャー州では1948年まで候補者名は予備選挙の投票用紙にありませんでしたし、その結果は1952年まで拘束力を持ちませんでした。

---

process: 過程
relatively: 比較的
recent: 最近の、新しい
ballot: 投票用紙
result: 結果
binding: 拘束力のある

👉 **理解のポイント**
①のRepublicans and Democratsは、直前のtwo partiesを言い換えている。
②のitは、直前のThe idea of actual voters participating in the primary processを指す。

News 11

州によって予備選挙はバラバラ

It used to be that presidential candidates were selected at party conventions. / It was mostly party members ③who selected delegates who went on to a convention to vote. / Conventions still happen, but they're mostly ceremonial, since primaries have determined every candidate for more than 50 years. /

Here's where it gets confusing. / Every state conducts their own primaries, and none of them do it exactly the same. / They're spread over the course of months in presidential election year, which is why candidates set up camp in early voting states like Iowa, New Hampshire, South Carolina and Nevada. /

Some states, like Iowa, have caucuses, ④which are more like neighborhood meetings than a traditional primary. / People show up and actually lobby for their candidates.

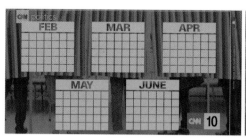

2月から6月にかけて予備選挙・党員集会が行われた後、7月に民主党全国大会、8月に共和党全国大会が開かれる。

select: 〜を選ぶ、選出する	**go on to:** 〜に進む	**conduct:** 〜を実施する
party convention: 党大会	**ceremonial:** 儀式上の	**exactly the same:**
party member: 党員	**determine:** 〜を決定する	まったく同じで
delegate: 代議員 ▶党員を代	**confusing:**	**spread:** 広がる
表して全国党大会に出席し、投票	分かりにくい、ややこしい	**over the course of months:**
する人。	**state:** 州	数カ月の間に

　かつて大統領候補者は党大会で選出されていました。／ 党大会に進んで投票を行う代議員を選出するのは、ほとんどが党員でした。／ 党大会はまだ行われますが、ほとんど儀式上のものです。なぜなら、50年以上にわたって予備選挙がすべての候補者を決定してきたからです。／

　ここで物事がややこしくなります。／ すべての州が独自の予備選挙を実施し、まったく同じように行う州はありません。／ 予備選挙は大統領選挙の年に数カ月の間にまたがり、そのためアイオワ、ニューハンプシャー、サウスカロライナ、ネバダなど、早い時期に投票が行われる州では候補者たちが合宿をします。／

　アイオワなどの州では、伝統的な予備選挙というよりは近隣住民の集会に近い党員集会を開きます。／ 人々は会合に出て、実際に候補者のためにロビー活動を行います。

近隣住民の集会のような党員集会もある。

set up (a) camp: 合宿をする
caucus: 党員集会
neighborhood meeting:
近隣住民の集会
show up: （会合などに）出る
lobby: 陳情する、ロビー活動をする

☑ **ニュースのポイント**
● アメリカ大統領選挙の共和党と民主党の候補者は予備選挙で事実上決まる。
● 予備選挙の制度は州ごとに異なり、進化し続けている。

👉 **理解のポイント**
③では関係代名詞節が連続している。最初の who selected delegates は直前の名詞 party members を修飾し、2番目の who 以下は直前の名詞 delegates を修飾している。
④は、主格の関係代名詞節で、直前の名詞 caucuses を後ろから修飾している。

News 11

Some states have open primaries, meaning anyone can take part in the primary even if they aren't registered party members. / Other states have closed primaries, meaning you have to join the party in order to vote. / And some states, like California, are experimenting with completely non-partisan primaries, although not at the presidential level. /

The primary system has continued to evolve. / After Bernie Sanders lost to Hillary Clinton in 2016, his supporters complained about the influence of party bigwigs tipping the scales. / The Democrats have changed the rules for 2020 and given primary voters a stronger voice.

7月と8月に行われる全国大会は儀礼上のものであり、党の候補者は実質的にその前の予備選挙・党員集会で決まる。

open primary: 開放的予備選挙	**join :** 〜に加入する	**non-partisan:** 無党派の
take part in: 〜に参加する	**in order to:** 〜するために	**level:** 地位、段階
even if: たとえ〜だとしても	**experiment:**	**evolve:** 発展する、進化する
registered: 登録された	実験する、試みる	**lose to:** 〜に負ける
closed primary:	**completely:** 完全に、全面的に	**supporter:** 支持者、後援者
閉鎖的予備選挙		

開放的予備選挙を行う州もあり、これは登録された党員でなくても予備選に参加できるという意味です。/ 閉鎖的予備選挙を行う州もあり、これは投票するためには党に加入する必要があることを意味します。/ そしてカリフォルニアなどの州では、完全に無党派の予備選挙を試しています。ただし、大統領の段階ではありませんが。/

　予備選挙の制度は発展し続けてきました。/ 2016 年にバーニー・サンダースがヒラリー・クリントンに敗れた後に、彼の支持者たちは、党の有力者の影響力が形勢を一方に傾けたとして抗議しました。/ 民主党は 2020 年に向けてルールを変更し、予備選挙の投票者にこれまでより強い発言権を与えました。

サンダース陣営は党大物が影響を及ぼしたと抗議。

complain about: 〜について文句を言う
influence: 影響力
bigwig: 有力者、大物
tip the scale: （形勢を）一方に傾ける
voice: 発言権

🚩 **Let's try to answer!**

Do you think America's election procedure is rational? Why?

👉 **理解のポイント**

⑤は分詞構文で、and it means...と言い換えられる。なお、意味上の主語は主節全体を表す。
⑥も同様に分詞構文で、and it means...と言い換えられる。こちらも意味上の主語は主節全体。

News 11

Insects as a Food Source

昆虫食は未来の食料源?!

食用の昆虫を生産する企業

CNN REPORTER: For many, it's the stuff of nightmares, but keep an open mind. / This could be your dinner tonight.

JO WISE (MANAGING DIRECTOR, MONKFIELD NUTRITION): In this bin we'll have about 6,000 crickets.

CNN REPORTER: Jo Wise is the managing director at Monkfield. / ①They've been growing these as live pet feed for years. / Now, they're expanding, ②becoming the first in Britain to produce insects for human consumption at an industrial scale.

---

insect: 昆虫	**nutrition:** 栄養素、栄養学	**live:** 生きた、生きている
food source: 食料源	**bin:** （穀物などの）大型箱	**pet:** ペット
stuff: 代物、物	**cricket:** コオロギ	**feed:** 餌
nightmare: 悪夢	**managing director:**	**for years:** 何年もの間、長年
open mind: 偏見のない心	業務執行取締役	**expand:** 拡大する
dinner: 夕食	**grow:** ～を生育する、育てる	

危ぶまれる地球の食料源として昆虫食が注目されている。専門家によれば、私たちがコオロギから作られた小麦粉のトーストを食べ、バッタの粉を含むスムージーを飲み、卵料理にイモムシの油を使えば、今よりも鉄分やタンパク質やビタミンを多く摂取できるという。昆虫食は環境面においても優れているというメリットがあるが、果たして普及するかは私たちの気持ちにかかっている。

CNN 10 - November 15, 2019
updated 2311 GMT 0711 HKT November 14, 2019

CNN REPORTER | *イギリス英語*

ＣＮＮ記者　多くの人にとって、それは悪夢の代物ですが、偏見のない心を持ちましょう。／ これが今夜のあなたの夕食になるかもしれません。

ジョー・ワイズ（Monkfield Nutrition 社 業務執行取締役）　この大型の箱の中には、約6,000 匹のコオロギがいます。

ＣＮＮ記者　ジョー・ワイズさんはMonkfieldの業務執行取締役です。／ 彼らはこれらをペットの生きた餌として長年生育してきました。／ 彼らは現在、事業を拡大しており、イギリスで初めて人間の食用として昆虫の生産を工業規模で行っています。

---

produce: 〜を生産する
human: 人間の
consumption: 消費、飲食
industrial scale: 工業規模

👉 **理解のポイント**
①は現在完了進行形で、過去のある時点からの「動作の継続」を表している。
②は分詞構文で、and are becoming the first ...と言い換えられる。

News 12

natural 69　slow 72

The average steak has 25 grams of protein. / That's more than 40 steaks in each of these bins. / So, Jo's hoping that people will look at the nutritional value, instead of looking away. /

But there are other plusses. / ③Emissions-wise, they're as eco-friendly as it gets. / They take up very little space, and they grow really, really fast. /

They're ready for harvest four weeks after they hatch. / They are then frozen, washed thoroughly, put in a microwave, heated to boiling temperatures ④killing any bacteria, and they're good to go. / But, still, hard to say they're mouth-watering.

「一箱の昆虫には１キログラム以上のタンパク質が含まれている」とCNN記者に話すワイズ氏。

average: 平均の	**look away:**	**take up:**
protein: タンパク質	目を背ける、そっぽを向く	（物が空間を）占める、取る
hope: 〜を期待する、願う	**plus:** さらに良いこと	**space:** 場所、スペース
look at:	**emission:** 排出	**ready for:** 準備が整って
〜に目を向ける、注目する	**-wise:** 〜の点で、〜に関しては	**harvest:** 収穫
nutritional value: 栄養価	**eco-friendly:** 環境に優しい	**hatch:** 孵化する
instead of: 〜せずに		**freeze:** 〜を凍らせる

　ステーキには平均で25グラムのタンパク質があります。／ そうすると、これらの大箱一箱につき、ステーキ40枚以上あるということになります。／ そのため、ジョーさんは人々に目を背けずに、栄養価に注目してほしいと期待しています。／

　しかし、別の利点もあります。／ 昆虫食は（二酸化炭素）排出に関して、これ以上ないほど環境に優しいのです。／ 非常に少ない場所しか取らずに、本当にあっという間に早く成長します。／

　孵化（ふか）してから4週間で収穫する準備が整います。／ 昆虫はそれから冷凍され、十分に洗浄され、電子レンジに入れられ、沸騰温度まで加熱されて細菌をすべて死滅させれば、準備万端です。／ しかし、それでも食欲をそそられるとは言い難いものです。

収穫後に冷凍、洗浄、加熱されて出荷される。

thoroughly: 十分に、徹底的に
microwave: 電子レンジ
boiling temperature: 沸騰温度
bacteria: 細菌、バクテリア
(be) good to go: 用意ができている
hard to say: 言い難い
mouth-watering: 食欲をそそる

☑ **ニュースのポイント**

● 昆虫食は栄養面でも優れ、環境にも優しい未来の食材と期待されている。
● おいしさはともかくとして、人々に受け入れられるかが最大のポイントになるだろう。

☞ **理解のポイント**

③は分詞構文で、文頭のBeingが省略されている。意味上の主語は、they (insects)。
④のkillingは現在分詞で、後ろからboiling temperaturesを修飾している。

WISE: This is never going to look as appetizing as, say, a steak, but what we need now is some really good chefs and food scientists ⑤ to get behind the product, make some really tasty dishes.

CNN REPORTER: I'm not sure I love them just yet. /

A good chef can make anything taste delicious. / But the big question is: With these on sale here in the U.K., are people in the West ready to eat them?

PEDESTRIAN: Oh my god. / It looks like a cricket as well. /

Tastes better than it looks, that's for sure. /

町の人たちに試食してもらったところ、味は悪くないという評価だった。試食した女性は「ポテトチップスみたい」。

as...as: 〜と同じくらい…	**tasty:** 味の良い、食欲をそそる	**big question:**
appetizing: 食欲をそそる	**dish:** 料理	大問題、大きな懸念
say: 例えば	**(be) not sure:**	**U.K.:** イギリス ▶United
chef: 料理人、シェフ	自信がない、確信が持てない	Kingdom (of Great Britain and
food scientist: 食品科学者	**just yet:** 今すぐには	Northern Ireland) の略。
get behind: 〜を支持する	**delicious:** おいしい、美味な	**the West:** 西洋、欧米

Aired on November 15, 2019

ワイズ これが、例えば、ステーキのように食欲をそそるように見えることは決してないでしょうが、今の私たちに必要なのは、本当に腕のいい料理人や食品科学者たちがこの製品を支持し、本当においしい料理を作ってくれることです。

CNN記者 これを大好きかは今すぐには確信が持てません。/

腕のいい料理人は何でもおいしくできるでしょう。/ でも、大きな問題は、ここイギリスでこれが売り出されたとして、欧米の人間がそれらを食べる準備ができているかということです。

通行人 なんてことだ。/ 見た目までコオロギだ。

見た目よりはおいしい。それだけは確実に言えるよ。

昆虫料理を提案するマルタ・オーティズさん。

Oh my god: なんてことだ
look like: 〜のように見える
as well: おまけに、その上
for sure: 確実に、確かに

🚩 Let's try to answer!
Are you willing to eat insects?

👉 **理解のポイント**
⑤は形容詞的用法のto不定詞で、後ろから直前の名詞some really good chefs and food scientistsを修飾する。

News 12

ニュースを理解する ための英文法

今回のテーマ | **さまざまな that**

森勇作：全国各地の1部上場企業などで英語学習法の講演・指導を行っている。著書に『TOEIC® TEST 攻略の王道【リスニング編】』『TOEIC® TEST 攻略の王道【リーディング編】』（朝日出版社）のほか、『Asahi WEEKLY』紙上でコラム「Weekly Pop Quiz 週刊英語クイズ」を連載中。多くの教育現場体験に基づいた説得力あふれる指導は、幅広い層から支持を集めている。

　英語の上級者であっても、英文を読む際に文の構造を見失ってしまうことはよくあります。「あれっ？ この文の主語はどれ？」という具合に、戻り読みをすることは、皆さんも経験があるのではないでしょうか。

　今回は英文を読みにくくしている原因のひとつである that を復習してみましょう。p.14に登場した以下の文をご覧ください。この文にはなんと4つの that が使われています。「印刷ミスか？」と思われたかもしれませんね。

to get that pod which has that item that that customer purchased
　　　　①　　　　　　　　　　②　　　　　③　④
to the associate.

　これら4つの that は文法的には2種類に分類されます。では、一般的な文章には何種類の that が使われているのでしょうか。ご安心ください。大別すると次の3種類です。

1. 「あの、あれ、それほど」（代名詞、副詞）
2. S+V〈主語＋動詞〉をつなぐ（接続詞）
3. 「〜な人／物」（関係詞）

　この3種類の that を、本書に登場する例文を用いながら解説します。

1 ―「あの、あれ、それほど」(代名詞、副詞)

This is a book. That is a tree.
(これは本です。あれは木です)

　懐かしいですね。中学生の時にこのような例文から英語学習がスタートしました。ここで学習したthatは「あれ」の意味でした。ほかには、次のような使い方もあります。

That tree is an oak. (あの木は樫です)
That was interesting. (あれは面白かった)
A:　Do you usually eat this much? (普段からこんなにたくさん食べますか？)
B:　No, not that much. (いえ、そんなにたくさんではないです)

　このthatは「あの、あれ、それほど」の意味で物理的に何かを指す、もしくは相手と共有している情報を指すのに使います。冒頭の例文では、①②④がこの種のthatです。

to get <u>that</u> pod which has <u>that</u> item that <u>that</u> customer purchased
　　　　①その棚　　　　　　　　②その品物　　　　④その顧客
to the associate.

〈見つけ方〉
　この種のthatは、that pod, that itemというふうに、無冠詞の名詞の前に置かれることが多いのが特徴です。

2 ― S＋V〈主語＋動詞〉をつなぐ(接続詞)

I know that he passed the examination.
(彼が合格したことを私は知っている)

これも懐かしいですね。学んだのは中学1年生くらいでしょうか。このように that の後ろに S+V のかたまりを置き、「〜なこと」という具合に内容を従えることができます。この that は文の構造を示す以外にあまり大きな意味がないため、訳出されないことも多くあります。

冒頭の例文にはこの that は使われていませんが、次の文（p.64）には使われています。ただし、ここでは that は訳出されていません。

and so I suspect <u>that</u> a lot of what we find in dogs probably holds true for pretty much any mammal.
（そのために私たちが犬について発見する事柄の多くは、大体どの哺乳類に対しても当てはまるのではないかと考えています）

〈見つけ方〉

この種の that は、I know that..., I suspect that... というふうに、動詞の直後に置かれることが多いのが特徴です。

3 ──「〜な人 / 物」（関係詞）

He ate an apple <u>that</u> was left in the refrigerator.
（彼は冷蔵庫に残っていたリンゴを食べた）

これも中学3年生の頃に学習したテーマです。苦労したせいか、「英語が嫌いになるきっかけになった」という話もよく聞きます。

ここでは、「リンゴ」を使った例文を使って関係詞を少し振り返ってみましょう。

日本語では、名詞「リンゴ」を修飾する語句がどれだけ増えても、原則として「リンゴ」の前に置きます。次の例文では、下線部は全て「リンゴ」を修飾しています。

大きいリンゴ (a big apple)

大きくて赤いリンゴ (a big red apple)

大きくて赤いが思ったより美味しくなかったリンゴ

(a big red apple that didn't taste as good as I thought it would)

　一方英語では、名詞apple（リンゴ）を修飾する語句が長くなると後ろから修飾します。

　このように後ろから修飾する際に「ここから修飾部分ですよ」と示しているのが関係詞であり、代表的なものとしてwho, which, thatが挙げられます。

〈見つけ方〉

　この種のthatは、an apple that…, the item that…というふうに、直前に名詞が置かれることが多いのが特徴です。

　冒頭の文に使われていた③のthatとその前のwhichはこの使い方です。

to get that pod <u>which has that item</u> <u>that that customer purchased</u>
　　　　　　　　　「その品物を含むpod」　③　　「その顧客が買ったitem」
to the associate.

　これでこの文の形が分かりました。修飾部分（下線部）を除くとto get that pod…to the associate「その…な棚を同僚に届ける」というこの部分の骨格が浮かび上がってきます。そしてwhich…itemのかたまりはthat podを修飾し、that…purchasedのかたまりはthat itemを修飾しています。

　この文の意味は、「その顧客が買ったその品物を含むその棚を同僚に届ける」となることが分かります。（ここではthat〈その、あの〉を訳しているため、少しぎこちない日本語になっています）

　thatのさまざまな使い方に注目すると、12本の記事の中で読みにくかった部分が分かりやすくなるかもしれません。ぜひ、振り返ってみてください！

News 01　Amazon Using Artificial Intelligence (AI)

Would you prefer shopping at stores with cashiers or at cashier-less stores? Why?

（レジのある店とない店、どちらで買い物をしたいですか）

キーワード　**engage with**（～と関わる）　**matter of time**（時間の問題）

I personally enjoy engaging with store clerks. Already most supermarkets have machines where customers now pay, and many have self-check lanes as well. It is only a matter of time till they faze out human cashiers altogether, so the future seems a bit lonely to me.

（個人的には店員と触れ合うのが楽しみです。すでにほとんどのスーパーに今では客が支払いをする機械があり、多くにセルフ・レジの列もあります。人間のいるレジがなくなるのは時間の問題なので、ちょっぴり寂しい未来になる気がします）

キーワード　**wherever**（どこへ～しても）　**cannot wait**（待ち切れない）

I often go out to buy lunch near my company [university]. Everyone has the same lunch hours, so wherever I go, there is always a long line. I cannot wait for an Amazon Go to come near my company [university]. It will make my lunchtime a lot longer!

（私はよく会社 [大学] の近くにお昼を買いに出ます。昼休みの時間は皆同じのため、どこに行っても常に長蛇の列です。アマゾン・ゴーが私の会社 [大学] の近くにできるのが待ち遠しいです。そうすれば、私の昼休みはずっと長くなります）

News 02　Reusable Containers Close the "Loop" on Plastic Waste

Would you be interested in using the Loop service? Why?

（Loop のサービスを利用することに興味はありますか。その理由は？）

キーワード　**solution**（解決策）　**participate**（〜に参加する）　**convenient**（使いやすい）

 Yes, I would feel good knowing I am being a part of the solution not the problem. As more brands begin to participate, it will get more convenient. Yes, there may be a wait time with most products, but if we plan ahead, it should be no big problem.

（はい、自分が問題ではなく解決策に参加していると分かるだけで、気分が晴れるでしょう。もっと多くのブランドが参加し始めれば、もっと使いやすくなるでしょう。確かに、ほとんどの商品で待ち時間はあるかもしれませんが、私たちが前もって計画を立てれば、大きな問題にはならないはずです）

キーワード　**eventually**（いずれは）　**hassle**（面倒なこと）　**pollution**（汚染）

 While Loop is a good idea and while many people may eventually use it, cleaning and returning containers is too much of a hassle for me. I think all companies should be required by law to make containers that do not add to pollution. Now that would solve the problem!

（Loop は良いアイデアですし、いずれは多くの人が利用するようになるかもしれませんが、容器を洗って返却するのは私にとって重荷です。すべての企業に、汚染を増大させない容器を作るよう法律で義務づけるべきだと思います。それこそが問題を解決するでしょう！）

Curtain Opens on Japan's Reiwa Era

Are you for or against Japan's parliamentary constitutional monarchy? Why?

（日本の立憲君主制に賛成ですか、それとも反対ですか。その理由は？）

👍 The Emperor and Empress are an important symbol for the Japanese people. As they travel the country, visiting various disaster areas, they provide a level of care and warmth that cannot be copied by politicians. They are also a connection to our past that would otherwise disappear.

（天皇と皇后は日本国民にとって重要な象徴です。国内を回りさまざまな被災地を訪れることで、政治家には真似ができないほどの気配りや優しさを与えてくれます。彼らはまた、さもなければ消えてしまう過去へと私たちをつなぎとめてくれます）

👎 Japan's monarchy is an expensive, outdated system. Each year, over 21 billion yen of our tax money is spent to support it. Also, I feel sorry for the children born into the royal family. To me, it would feel like a prison to grow up in an environment like that.

（日本の君主制は、費用のかかる時代遅れの制度です。それを支えるために毎年210億円が私たちの税金から使われています。また、皇室に生まれた子どもたちも、かわいそうだと思います。あのような環境で育つのは、私にとっては監獄のように感じられるでしょう）

News 04　A Driverless Future

Do you look forward to a driverless future? Why?

（運転しない未来は楽しみですか。その理由は？）

> **キーワード**　**open**（寛大な、偏見のない）　**(be) dedicated to**（〜にささげられる）
> **vision**（構想）

👍 After seeing this story, I am more open to a driverless future. From streets to parking places, so much space in our cities is dedicated to cars. The planners' vision of how our neighborhoods and cities will change excites me, especially the possibility of bringing more nature into our cities.

（このニュースを見てから、運転しない未来に対する偏見が少なくなりました。車道から駐車場所まで、私たちの都市の非常に多くの場所が車に占領されています。私たちの近所や都市がどのように変わるかという計画者たちの構想にはわくわくします。特に都市にもっと自然を取り入れる可能性については）

> **キーワード**　**granted**（確かに）　**meditation**（瞑想）　**imagine**（〜を想像する）

👎 Granted, I do not like traffic jams, but I really do love driving. It is like a meditation for me. I love getting in my car and going wherever I want whenever I want. I cannot imagine not being allowed to drive. Don't take this freedom away from me!

（確かに、交通渋滞は嫌いですが、運転するのは本当に好きです。私にとっては瞑想みたいなものです。自分の車に乗り込み、好きなときに、好きな場所に行くのが大好きです。運転が許されないなんて想像できません。その自由を私から奪わないでください！）

News 05 # Edible Bowls to Eliminate Plastic Waste

Would you be willing to pay more for ecofriendly bowls and utensils? Why?

（環境に優しい容器や用品のために、もっとお金を出すつもりはありますか。その理由は？）

キーワード　utensil（用品）　disposable（使い捨ての）
(be) willing to（〜する用意がある）

👍 I rarely buy disposable tableware, but, yes, I would be willing to pay more for an ecofriendly product. I would especially like to try the Munch Bowls. If they are nutritious and tasty, they could become an important part of a meal. I am sure they would be a hit at a party, too.

（使い捨ての食器を買うことはほとんどありませんが、はい、環境に優しい商品にはもっとお金を使いたいと思います。Munch Bowl は特に試してみたいです。栄養があっておいしければ、大切な食事の一部になるかもしれません。パーティーでも喜ばれること、間違いなしです）

キーワード　finance（財源）　aware of（〜に気づいている）

👎 I would really like to say yes, but given my finances, the reality is I always choose the cheapest product possible. But, living in Japan, I am aware of all the disposable bento boxes. Millions must be thrown away each day. That is why I always make my own bento.

（本当はイエスと言いたいところですが、財政状況を考えると、現実にはいつもできるだけ安い商品を選んでしまいます。しかし、日本に住んでいて、大量の使い捨ての弁当箱には気づいています。毎日、何百万もが捨てられているでしょう。だから、私はいつも自分の弁当を作っています）

News 06　# Louvre's Leonardo da Vinci Exhibition

If Leonardo da Vinci were alive now, what do you think he would be creating?

（レオナルド・ダビンチが今生きていたとしたら、何を創造していたと思いますか）

キーワード　**energy source**（エネルギー源）　**become a reality**（実現する）
　　　　　　replace（〜に取って代わる）　**fossil fuel**（化石燃料）

If Leonardo da Vinci were alive, I think he would be studying the use of magnets as a clean energy source. Even though humans have used magnets for over 2,000 years, the magnetic engine is just now becoming a reality. One day, they will replace fossil fuels and even batteries.

（もしレオナルド・ダビンチが生きていたとしたら、クリーンなエネルギー源として磁石の利用を研究していたと思います。人間は 2000 年以上磁石を使ってきましたが、磁力エンジンは今ようやく実現しつつあるところです。いつか磁力エンジンが化石燃料、そして電池にまで取って代わる日がくるかもしれません）

Challenges of Doing Business in China

How should the Japanese government face China regarding delicate issues like protests in Hong Kong?

（香港デモなどの難しい問題に関して、日本政府はどのように中国と向き合うべきですか）

> キーワード　**delicate issue**（繊細な問題）　**condone**（〜を許す）　**violation**（違反）
> **unacceptable**（容認できない）

The Japanese government should not condone the Chinese government when there is a clear violation of human rights. They will probably say it is none of our business, but I think it is important for the world to continue to put pressure on China and say such violations are unacceptable.

（明らかに人権の侵害がある場合に、日本政府は中国政府を許すべきではありません。中国政府はおそらく日本には関係ないと言うでしょうが、世界が中国に圧力をかけて、そのような違反は容認できないと言い続けることが大事だと思います）

News 08 Lincoln and the Board Game of "Life"

Would you rather play the original version or the modern version of the "Game of Life"? Why?

(「人生ゲーム」のオリジナル版と現代版。遊ぶならどちらがいいですか。その理由は？)

キーワード **seem**（〜のように見える）　**sanitize**（好ましくない部分を削る）

I have never played either version before. But, as a college student, I think I would like to play the original version. The modern version seems a bit too sanitized. The original version is closer to real life, and players have to experience themes that are usually not talked about.

（私はどちらもやったことがありません。しかし大学生としては、オリジナル版で遊んでみたいです。現代版は少しきれい過ぎる気がします。オリジナル版の方が現実に近く、プレーヤーは通常は語られないテーマを経験しなければなりません）

キーワード **succeed**（成功する）　**grim**（残酷な）

My family often played the modern version. It was one of my favorite games and even made me want to go to college and succeed in life. I was surprised when I saw the original version. I don't think I would have enjoyed it with such grim themes.

（私の家族は現代版でよく遊びました。私のお気に入りのゲームのひとつで、大学に行って人生で成功したいと思わせてくれました。オリジナル版を見たときには驚きました。あんなに残酷なテーマでは楽しめなかっただろうと思います）

MRI Used to Learn What Dogs Are Thinking

Will knowing what an animal is thinking be useful or not? Why?

（動物が何を考えているかを知ることは役立ちますか。その理由は？）

キーワード **respect**（〜を尊重する） **(be) incapable of**（〜ができない）

👍 Knowing what animals are thinking may help people to respect and communicate with them better. Many people seem to believe that, since animals don't talk, they are stupid and incapable of thinking. I believe animals have a lot to teach us. I would love to know what they are thinking.

（動物が何を考えているかが分かれば、人間が彼らを尊重してもっとうまくコミュニケーションを取る助けになるかもしれません。動物は言葉を話さないため、無能で思考力がないと、多くの人が考えているようです。私たちが動物に教えられることは多いと信じています。彼らが考えていることをぜひ知りたいです）

キーワード **verify**（〜を立証する） **vice versa**（逆に） **benefit**（利益）

👎 I think this experiment was a waste of time and money. So, yes, they were able to verify what they already knew about dogs from living with them. But did it help the animals communicate better with humans, and vice versa? I don't see any further benefit from this study.

（この実験はお金と時間の無駄だったと思います。確かに、彼らとともに生きてきて犬についてすでに知っていたことは立証できたかもしれません。しかし、それは動物から人間への、そしてその逆の意思疎通を助けたでしょうか。この研究からは、それ以上の利益は見出せません）

News 10 First Artificial Skin for Robots

How do you feel about the use of mechanical caregivers and health workers?

（機械によって動く介護士や医療従事者を利用することについて、どう感じますか）

> **キーワード**　slew of（たくさんの）　suffer from（〜に悩まされる）　injury（負傷）
> prevent（〜を防ぐ）

👍 There will definitely be a slew of benefits from the use of mechanical caregivers. It is a fact that many caregivers suffer from pain and injuries that occur on the job. Having robots that can gently lift and move people who need care will prevent many injuries.

（機械で動く介護士を利用することで、確実にたくさんの恩恵が得られるでしょう。多くの介護士が仕事で生じる痛みやケガに悩まされていることは事実です。介護を必要とする人たちを優しく持ち上げられるロボットがあれば、多くのケガを防ぐことができます）

> **キーワード**　dismal（散々な）　turnover（離職率）　adopt（〜を導入する）

🤚 Being a caregiver is hard work. The pay is dismal, and turnover is always a worry. So there will be a big push to adopt mechanical caregivers. As a volunteer at a senior facility, I find the residents respond most to a smile and a kind touch. At what point is it okay to leave that to machines?

（介護士の仕事は重労働です。賃金は低く、離職率が常に心配されています。そのため、機械で動く介護士を導入する大きな動きがあるでしょう。高齢者施設で働くボランティアとして感じるのは、入居者たちが笑顔と優しく触れられることに最も反応することです。どの時点でそれを機械に任せてよいものでしょうか）

U.S. Presidential Election

Do you think America's election procedure is rational? Why?

（アメリカの選挙制度は合理的だと思いますか。その理由は？）

キーワード **endorse**（〜を支持する） **preference**（選択された人）

👍 I think the U.S. election procedure is rational. Each party has a national convention to choose the candidate they will endorse in the national election. The parties at the state level have the freedom to decide how they will choose who they will support at the convention, so this is where Americans can really express their preferences.

（アメリカの選挙制度は合理的だと思います。各党が全国大会を開き、自分たちが国政選挙で支持する候補者を選びます。党は州レベルでは、党大会で支持する人物をどのように選ぶかを決定する自由があります。ですから、ここでアメリカ人は本当に自らの選択を示すことができるのです）

キーワード **envious**（うらやましい） **various**（さまざまな）

👎 I have always been envious of the Americans because they get to vote for their president directly, unlike Japan, where the main party chooses the prime minister. But now I see there are various rules for actually choosing the candidates. It does not seem as rational as I thought.

（私がいつもアメリカ人をうらやましく思っていたのは、彼らが自分たちの大統領を直接選ぶことができるからです。日本は異なり、第一党が首相を選びます。しかし、今では実際に候補者を選ぶ際にいろいろなルールがあることを知りました。私が思っていたほど合理的ではないようです）

News 12 　Insects as a Food Source

Are you willing to eat insects?

（昆虫を食べるつもりはありますか）

キーワード　**squid**（イカ）　**sea urchin**（ウニ）　**eon**（長い年月）

Sure! I am always interested in trying new things. Who knows? They may be very tasty. Just like Japanese eat things that people in other cultures won't touch ── for example, squid and sea urchin ── people in some cultures have been eating insects for eons. So let's give them a try!

（もちろん！　私はいつも新しいものを試すことに興味があります。ことによれば、すごくおいしいかもしれませんよ。日本人が他の文化の人々が決して触ろうとしないもの ── 例えば、イカやウニなどを食べるのと同じように、長い年月、昆虫を食べてきた文化の人々もいます。なので、一度試してみましょう！）

キーワード　**chew**（〜をかむ）　**swallow**（〜を飲み込む）　**nauseous**（吐き気がする）　**intellectually**（頭では）　**grind**（〜をすりつぶす）

No way! I cannot imagine putting an insect in my mouth, much less chewing and swallowing it. I feel nauseous just thinking about it! Intellectually, I can understand how nutritious they are. Dry them, grind them up, and make supplements out of them, but don't put them in my food!

（とんでもない！　昆虫を口に入れるなんて想像できないし、それをかんで飲み込むなんて、もってのほかです。考えただけで吐き気がします！　栄養価がとても高いことは頭では理解できます。それらを乾燥して、粉にして、サプリメントを作っても、私の食べ物には入れないでください！）

重要ボキャブラリー

ニュースで取り上げた重要ボキャブラリーをまとめてあります。訳語の後ろの数字は、その語いが出てくるニュースの番号を示しています（例：N01=News 01）。これらを覚えるだけでも、英語ニュースの理解に必要な語いを増やすことができます。

A

- according to: 〜によれば　N06, N10
- accustomed: 〜に慣れて　N04
- achieve: 〜を獲得する、実現する　N01
- actual: 実際の　N11
- actually: 実は、実際に　N01, N02, N05, N09, N10
- advantage: 強み、優位　N01
- alternative: 取って代わるもの　N05
- apologize: 謝罪する　N07
- appropriately: 適切に、ふさわしく　N08
- artificial: 人工的な　N10
- associate: 同僚　N01
- attend: (式典など) に参列する　N03
- authority: 官庁、機関　N07
- automation: 自動化、オートメーション　N04
- available: 利用できる、入手できる　N02
- average: 平均の；〜の平均値を求める　N09, N12
- awareness: 自覚、意識　N10

B

- behave: 振る舞う、行動する　N09
- benefit: 恩恵、メリット　N09
- beyond: 〜を越えて　N04
- billion: 10億　N02
- binding: 拘束力のある　N11
- boast: 〜を自慢にする、誇る　N08
- bow to: 〜に屈する　N07
- brilliant: 才気あふれる　N06
- by no means: 決して〜ではない　N01

C

- candidate: 候補者　N11
- career: 職業、キャリア　N08
- cause: 〜を引き起こす　N06
- cave: 屈服する、降参する　N07
- ceremonial: 儀式上の、儀礼上の　N03, N11
- challenge: 難題、挑戦　N01, N07
- chance: 機会、チャンス　N11

- charge: (支払いを) 請求する　N01
- clearly: 明確に、はっきりと　N07
- combine: 〜を結合する、結びつける　N02, N10
- come up with: (アイデアなど) を思いつく、考え出す　N05, N08
- concept: 概念　N02
- concession: 譲歩、許容　N07
- conduct: 〜を実施する　N11
- confirm: 〜を裏づける　N09
- confusing: 分かりにくい、ややこしい　N11
- consider: 〜と見なす　N06, N07
- constantly: 常に、絶えず　N01, N02
- consumer: 消費者　N02
- consumption: 消費、飲食　N12
- contain: 〜を含む　N06
- convenient: 便利な、使い勝手が良い　N02
- counterpart: 同等のもの、片われ　N10
- coveted: 誰もが望む　N07
- customer: 顧客　N01

D

- decision: 決定、決断　N06
- declare: 〜を宣言する、公表する　N03
- delightful : 楽しい、うれしい　N08
- demand: 要求　N07
- democratic: 民主主義の　N07
- deputy: 副〜、代理の　N06
- detect: 〜を見つける、感知する　N10
- determine: 〜を決定する　N11
- dignitary: 高官、要人　N03
- discover: 〜を発見する　N09
- dominate: 〜を支配する　N11
- drastically: 大幅に、劇的に　N04
- durable: 耐久性のある、長持ちする　N02

E

- ecosystem: 生態系　N02
- efficient: 効率的な　N01
- effort: 努力、取り組み　N07

- ☐ **eliminate:** 〜を取り除く、廃絶する　N02, N04, N05
- ☐ **emission:** 排出　N12
- ☐ **entrepreneur:** 企業家、事業家　N04
- ☐ **environment:** 環境　N05
- ☐ **envision:** 〜を思い描く、想像する　N04
- ☐ **era:** 時代　N03
- ☐ **essentially:** 本質的に　N09
- ☐ **eventually:** 最終的には、いずれは　N05, N10
- ☐ **evolve:** 発展する、進化する　N11
- ☐ **executive:** 幹部　N07
- ☐ **expand:** 広がる、拡大する　N02, N12
- ☐ **export:** 輸出　N05
- ☐ **extraordinary:** 並外れた、特別な　N06

FGH

- ☐ **face:** 〜に直面する　N07
- ☐ **fact:** 事実　N06
- ☐ **fear:** 懸念、不安　N04
- ☐ **feature:** 〜を呼び物にする、特集する　N06
- ☐ **field:** 領域、分野　N01, N06
- ☐ **former:** 元の　N06
- ☐ **fulfill:** 〜を実行する、満たす　N01
- ☐ **function:** 機能する、働く　N08
- ☐ **future:** 未来、将来　N01, N04
- ☐ **global:** 世界的な、全世界の　N03, N07
- ☐ **go on to:** 次に〜する、〜に進む　N08, N11
- ☐ **green:** 地球に優しい　N05
- ☐ **guide:** 〜を導く　N10
- ☐ **harmony:** 調和、一致　N03
- ☐ **hold:** 〜を開催する、（容器などが）〜を入れておける　N05, N09
- ☐ **hold true:** （主語が）事実である　N09
- ☐ **human:** 人、人間の　N09, N10, N12

I

- ☐ **ideal:** 最良の、理想的な　N06
- ☐ **identify:** 〜を確認する、割り出す　N01
- ☐ **illegal:** 違法の　N04
- ☐ **impose:** 〜を強要する　N07
- ☐ **improve:** 〜を向上させる、高める　N01
- ☐ **incredibly:** 非常に、信じられないほど　N02, N06
- ☐ **independence:** 独立　N07
- ☐ **influence:** 影響力　N11
- ☐ **initially:** 当初は、最初は　N07

- ☐ **innovation:** 革新、イノベーション　N05
- ☐ **inspire:** 〜に着想を与える　N05
- ☐ **interact:** 関わる、交流する　N10
- ☐ **invention:** 発明　N06
- ☐ **involve:** 〜を含む、伴う　N09

JKL

- ☐ **join :** 〜に加入する　N11
- ☐ **just yet:** 今すぐには　N12
- ☐ **key:** 重要な、基本的な　N01
- ☐ **kind of:** 〜のような類いのもの　N02
- ☐ **label...as:** …を〜に分類する　N07
- ☐ **last:** 持続する、存続する　N04
- ☐ **launch:** 乗り出す、開始する　N02
- ☐ **lead to:** 〜を引き起こす　N06
- ☐ **line:** 方針、路線　N07
- ☐ **located:** 位置して　N01

MNO

- ☐ **machine:** 機械、コンピューター　N04, N09, N10
- ☐ **major:** 主要な、大きい　N02
- ☐ **mammal:** 哺乳類　N09
- ☐ **market:** 市場、マーケット　N05
- ☐ **mechanical:** 機械の、機械によって動く　N10
- ☐ **monitor:** 〜を監視する、モニターする　N01
- ☐ **moral:** 道徳上の　N07
- ☐ **multiple:** 多数の　N06
- ☐ **Muslim:** イスラム教徒　N07
- ☐ **nationality:** 国籍　N06
- ☐ **neighborhood:** 近隣、近所　N04
- ☐ **non-partisan:** 無党派の　N11
- ☐ **note:** 〜を指摘する　N06
- ☐ **oblige:** 〜の喜ぶことをする　N07
- ☐ **offer:** 〜を提供する　N01
- ☐ **official:** （政府機関などの）当局者　N03
- ☐ **officially:** 表向きは、正式には　N03
- ☐ **organize:** 〜を企画する、計画する　N06
- ☐ **original:** 最初の、初代の　N08
- ☐ **overwhelming:** 圧倒的な、巨大な　N10

P

- ☐ **parliamentary:** 議会制の　N03
- ☐ **participant:** 参加者　N09
- ☐ **participate:** 参加する　N11

- [ ] **party:** 政党　N11
- [ ] **perimeter:** （地域を囲む）境界　N04
- [ ] **permanent:** 常設の　N06
- [ ] **plastic waste:** プラスチックごみ　N02, N05
- [ ] **plight:** 窮状、苦境　N07
- [ ] **pointedly:** あてつけがましく　N06
- [ ] **political correctness:** 政治的公正　N07
- [ ] **pollution:** 汚染、公害　N05
- [ ] **poverty:** 貧困、貧乏　N08
- [ ] **prestigious:** 由緒ある、名誉ある　N03
- [ ] **primary:** 予備選挙（primary election）；最初の　N11
- [ ] **prioritize:** 〜を優先する　N10
- [ ] **process:** 過程；〜を処理する　N10, N11
- [ ] **proclaim:** 〜を宣言する　N03
- [ ] **produce:** 〜を生産する、製造する　N05, N12
- [ ] **product:** 製品、商品　N02, N05
- [ ] **protest:** 抗議活動、デモ　N07
- [ ] **prove:** （〜であると）判明する　N10
- [ ] **province:** 省、州　N07
- [ ] **purchase:** 〜を購入する　N01

R

- [ ] **recent:** 最近の、新しい　N11
- [ ] **recycle:** 〜を再生利用する　N02
- [ ] **refer to:** 〜に言及する　N07
- [ ] **regardless:** それでも、（〜に）かかわらず　N08
- [ ] **registered:** 登録された　N11
- [ ] **relatively:** 比較的　N11
- [ ] **remarkable:** 注目に値する　N06
- [ ] **render:** （人・物を）〜の状態にする　N08
- [ ] **replace:** 〜に取って代わる　N04
- [ ] **reportedly:** 報道によれば　N06
- [ ] **resist:** 〜に抵抗する　N07
- [ ] **respond to:** 〜に反応する、対応する　N01, N10
- [ ] **result:** 結末、結果　N07, N11
- [ ] **retailer:** 小売店　N02
- [ ] **reusable:** 再利用可能な　N02
- [ ] **ripple effect:** 波及効果、連鎖反応　N04
- [ ] **rise:** 増加、増大　N04
- [ ] **risk:** 〜の危険を冒す　N06

S

- [ ] **seemingly:** 一見したところ　N08
- [ ] **sensation:** 感覚、知覚　N10
- [ ] **sentiment:** 感情、心情　N01
- [ ] **separatist:** 分離主義者　N07
- [ ] **severed:** 切断された　N07
- [ ] **simplicity:** 簡単、平易　N01
- [ ] **single-use:** 使い捨ての　N02, N05
- [ ] **sort out:** 〜を整理する、分類する　N09
- [ ] **source:** もと、源　N02
- [ ] **statement:** 声明　N07
- [ ] **statistical:** 統計上の　N09
- [ ] **struggle:** 争い、闘争　N07
- [ ] **subject:** 主題、テーマ　N07
- [ ] **supporter:** 支持者、後援者　N11
- [ ] **surprisingly:** 驚くほどに、意外にも　N03
- [ ] **surviving:** 存続している　N06
- [ ] **suspect:** 〜ではないかと疑う　N09
- [ ] **sympathetic:** 同情的な　N07

T

- [ ] **target:** 〜を狙う、対象にする　N02
- [ ] **technology:** 科学技術、テクノロジー　N01, N09
- [ ] **tension:** 緊張　N06
- [ ] **thereafter:** その後　N08
- [ ] **threat:** 脅威、恐れ　N07
- [ ] **toe the line:** 規則に従う　N07
- [ ] **transcend:** 〜を超越する　N06
- [ ] **transmit:** 〜を送る、送信する　N10

UVW

- [ ] **unity:** 統一、結束　N03
- [ ] **uprising:** 暴動、反乱　N07
- [ ] **value:** （数）値　N10
- [ ] **view:** 〜を見る、眺める　N06
- [ ] **virtually:** 事実上、ほとんど　N07
- [ ] **vow:** 〜を明言する、公約する　N07
- [ ] **wholesale:** 卸売り　N05
- [ ] **work:** 作品；うまくいく　N02, N06
- [ ] **work on:** （開発など）に取り組む　N01, N05
- [ ] **worthless:** 価値のない　N08

オンラインサービス登録

下記のURLから（検索せずに、アドレスバーにURLを直接入力してください）、またはQRコードを読み取って、オンラインサービスの登録を行ってください。

https://www.asahipress.com/cnn10/sp20drfu/

【注意】本書初版第1刷の刊行日（2020年2月5日）より1年を経過した後は、告知なしに上記申請サイトを削除したりデータの配布や映像視聴サービスをとりやめたりする場合があります。あらかじめご了承ください。

［CD& オンラインサービス付き］
初級者からのニュース・リスニング
CNN Student News 2020 [春]

2020年2月5日　初版第1刷発行

編集	『CNN English Express』編集部
発行者	原 雅久
発行所	株式会社 朝日出版社
	〒101-0065　東京都千代田区西神田 3-3-5
	TEL: 03-3263-3321　FAX: 03-5226-9599
	http://www.asahipress.com
印刷・製本	図書印刷株式会社
DTP	株式会社メディアアート
英文校閲	Mary Tadokoro
音声編集	ELEC（一般財団法人 英語教育協議会）
ブックデザイン	阿部太一 デザイン